全国交通运输行业职业技能等级认定系列教材

机动车驾驶教练员

（五级）

交通运输部职业资格中心
（交通运输部职业技能鉴定指导中心） 组织编审

人民交通出版社
北京

内 容 提 要

本教材由交通运输部职业资格中心(交通运输部职业技能鉴定指导中心)组织交通运输行业有关专家,根据《机动车驾驶教练员国家职业技能标准》,结合我国机动车驾驶员培训行业技能型人才发展需要和工作实际编写而成。

本教材以机动车驾驶教练员职业活动为导向,以其职业能力为核心,注重基础职业能力培养,具有较强的针对性和可操作性。教材内容涉及职业道德、理论知识教学、场地驾驶教学、道路驾驶教学四章,共二十节。教材以提高教练员整体素质为导向,突出教练员的专业知识、教学能力、操作技能和教学研究等内容的要求,内容专业性强,图文并茂,便于培训与自学。

本教材是机动车驾驶教练员五级(初级)职业技能等级认定考试用书,也可作为交通运输类职业院校相关专业的教学参考书。

图书在版编目(CIP)数据

机动车驾驶教练员:五级 / 交通运输部职业资格中心, 交通运输部职业技能鉴定指导中心组织编审.
北京:人民交通出版社股份有限公司, 2025.1.
ISBN 978-7-114-19906-6

I. U471.3

中国国家版本馆 CIP 数据核字第 2024Q4Z953 号

全国交通运输行业职业技能等级认定系列教材
Jidongche Jiashi Jiaolianyuan(Wuji)

书　　名:	机动车驾驶教练员(五级)
著 作 者:	交通运输部职业资格中心 (交通运输部职业技能鉴定指导中心)
责任编辑:	董　倩　绳晓露
责任校对:	卢　弦
责任印制:	张　凯
出版发行:	人民交通出版社
地　　址:	(100011)北京市朝阳区安定门外外馆斜街3号
网　　址:	http://www.ccpcl.com.cn
销售电话:	(010)85285857
总 经 销:	人民交通出版社发行部
经　　销:	各地新华书店
印　　刷:	北京建宏印刷有限公司
开　　本:	787×1092　1/16
印　　张:	11.25
字　　数:	247千
版　　次:	2025年1月　第1版
印　　次:	2025年1月　第1次印刷
书　　号:	ISBN 978-7-114-19906-6
定　　价:	58.00元

(有印刷、装订质量问题的图书,由本社负责调换)

《机动车驾驶教练员（五级）》

审定委员会

主　任：张　杰
副主任：孙　海
委　员：郝鹏玮　丛英莉　邹盛玲　鹿俊峰
　　　　黄新宇　王隆广　卜方舟　郭　科
　　　　种亚明　尚　迪　付华章

编写人员

主　编：范　立
成　员：白彦增　李　然　范　坤

前言

交通运输是国民经济中具有基础性、先导性、战略性的产业，是重要的服务性行业和现代化经济的重要组成部分，是构建新发展格局的重要支撑和服务人民美好生活、促进共同富裕的坚实保障。机动车驾驶教练员是传授道路交通安全知识和安全驾驶技能的关键岗位从业人员。

为规范机动车驾驶员培训经营活动，维护机动车驾驶员培训市场秩序，提升机动车驾驶教练员技能水平，根据《中华人民共和国道路交通安全法》《中华人民共和国道路运输条例》《机动车驾驶员培训管理规定》，交通运输部职业资格中心（交通运输部职业技能鉴定指导中心）组织编审机动车驾驶教练员职业技能等级认定系列教材。

本套教材共3本，分别为《机动车驾驶教练员（五级）》《机动车驾驶教练员（四级·三级）》和《机动车驾驶教练员（二级·一级）》。编写过程严格遵循《机动车驾驶教练员国家职业技能标准》，并紧密结合机动车驾驶教练员的工作实际，对内容进行了合理拓展。在内容架构上，教材以职业活动为导向，以职业能力为核心，充分彰显职业特色，定位精准，重点明确，具备极强的针对性与可操作性。

本套教材是机动车驾驶教练员职业技能等级认定辅导用书，也可供相关从业人员继续教育及自学参考使用。

敬请广大读者批评指正。

交通运输部职业资格中心
2025 年 1 月

目录

第一章 职业道德 ·· 1
    第一节 职业道德基本知识 ·· 1
    第二节 基础知识 ·· 7
    第三节 理论教学设备知识 ·· 24

第二章 理论知识教学 ··· 28
    第一节 理论教学准备 ··· 28
    第二节 法律、法规、规章教学 ··· 32
    第三节 道路交通信号教学 ·· 51
    第四节 机动车基础知识教学 ·· 67
    第五节 安全文明驾驶常识教学 ··· 76

第三章 场地驾驶教学 ··· 126
    第一节 实操教学准备 ··· 126
    第二节 驾驶操作规范动作教学 ·· 130
    第三节 基础驾驶训练教学 ··· 132
    第四节 场地项目驾驶教学 ··· 149

第四章 道路驾驶教学 ··· 154
    第一节 上车前准备与起步教学 ·· 154
    第二节 直线行驶和跟车教学 ··· 156

第三节 变更车道与通过路口教学 ·················· 157

第四节 会车、超车、让车教学 ························ 160

第五节 掉头与倒车教学 ································· 162

第六节 通过学校、人行横道、公交车站教学 ······ 163

第七节 停车与下车教学 ································· 165

第八节 夜间驾驶教学 ···································· 166

第一章

职业道德

职业道德是每一个从业人员担负起自己工作责任所必备的素质，良好的职业道德是每一个从业人员应具备的基本品质。每个行业的从业岗位都有自己的职业道德标准，从业人员要明确自己所在岗位职业道德的具体要求，掌握职业道德的主要内容和要求，这对于职业生涯具有重要的基础意义。

第一节　职业道德基本知识

职业道德是从业人员在一定职业活动中，应遵循的、体现一定职业特征的、调整一定职业关系的职业行为准则和规范。从业人员要根据从事职业的特点，找好自己的职业定位，认真履行职责和义务，热爱本职工作，立足行业。

一、职业道德常识

1. 职业

职业是参与社会分工，运用专门的知识和技能，为社会创造物质财富和精神财富，从而获取合理报酬，以此作为物质生活来源并满足精神需求的工作。社会分工是职业分类的依据，在分工体系的每一个环节上，劳动对象、劳动工具及劳动支出形式都有其特殊性，且这种特殊性决定了各种职业之间存在着差异。

2. 道德

道德是社会意识形态之一，是人们共同生活及其行为的准则和规范，表现为善恶对立的社会意识和行为规范的总和。道德是由一定的经济关系决定的，依靠社会舆论、传统伦理习俗和人们的内心信念来维系。在表现形式上，道德是一种规范体系，同法律、政治一样，也是社会用来调整个人同他人、个人同社会利害关系的手段。但是，道德的约束力不像法律那样需要一种特殊的外在强制力量来维持，而主要来自人们的道德自觉性。道德通过社会或一定阶级的舆论对社会生活起到约束作用，对善的行为进行表扬、评价，对恶的行为给予谴责、抑制。

3. 职业道德

职业道德是人们在特定的职业活动范围内所遵循的行为规范的总和，是职业品德、

职业纪律、专业胜任能力及职业责任等的总称。我国《新时代公民道德建设实施纲要》提出了职业道德的主要内容：爱岗敬业、诚实守信、办事公道、热情服务、奉献社会。

职业道德属于自律范围，通过公约、守则等对职业生活中的某些方面加以规范，是人们在职业生活中应遵循的基本道德，即一般社会道德在职业生活中的具体体现。职业道德既是本行业从业人员在职业活动中的行为规范，又是行业对社会所负的道德责任和义务。

职业道德有两大准则，即敬业和乐业。所谓"敬业"，就是尊重职业，忠于职守；所谓"乐业"，就是乐于职业，热爱职业。不同的职业人员在特定的职业活动中形成了特殊的职业关系，职业道德涵盖了从业人员与服务对象、职工与领导、职工与职工、职业与职业之间等多重关系的调节和约束。

二、教练员的职业特点与素养

1. 教练员的职业特点

（1）教学对象层次多样化。教练员的教学对象层次多样化主要表现在：学员来自社会的各个领域、各个阶层；性别、年龄、文化程度、个人素质、生活环境、个性差异较大。

（2）教学内容专业性强。教练员的教学要按照《机动车驾驶培训教学大纲》（以下简称《教学大纲》）规定的教学内容、教学目的、教学要求具体实施，其教学内容具有很强的专业性。教学过程不仅限于课堂理论教学，多数时间还要在实际道路进行实际操作训练教学。这要求教练员不仅需要掌握专业的理论知识、娴熟的驾驶技术，还应具备教学能力、教学组织能力和指导能力。对专业理论水平、驾驶技能和教学能力方面的要求非常高。

（3）教学要求严格。教练员教学目的是培养学员掌握道路交通法律法规、交通安全知识和安全驾驶技能，最终考取机动车驾驶证。按照《中华人民共和国道路交通安全法》（以下简称《道路交通安全法》）的规定，考试由公安机关交通管理部门负责，严格按照全国统一标准开展。因此，教学要求严格，才能达到考试标准要求并使学员通过考试。

（4）教学过程具有特殊性。教练员在教学过程中，因为学员的生理、心理、个人需求和接受能力差异较大，所以教学组织不仅要考虑学员的生理、心理状况和实际需要，还要兼顾教学环境、教学安全以及考试的要求。教学对象、教学内容、教学组织和教学环境均具有特殊性。

（5）教学过程存在风险性。驾驶培训教学过程不仅限于课堂，多数时间要在实际道路环境中进行训练，有时还需要在复杂的道路和拥挤的场地环境中进行教学。由于学员的驾驶技能尚未形成，随时可能出现操作错误，面临危险，所以教练员在训练中始终处于高度紧张状态，承受着很大的生理和心理压力。教练员的教学过程具有教学环境情况复杂、应激冲突多、风险高等情况。

2. 教练员的职业素养

教练员的职业素养是在驾驶培训教学活动中需要遵守的行为规范。教练员行为总和构成了自身的职业素养，其中职业素养是内涵，行为是外在表象。教练员的职业信念、职业知识技能以及职业行为习惯，是职业素养的核心。

　　教练员的职业信念，是职业素养的核心之一。优秀的教练员必须具备良好的职业素养，包括正面积极的职业心态和正确的职业价值观意识。教练员良好的职业信念应当是文明礼貌、爱岗敬业、诚实守信、办事公道、勤劳节俭、遵纪守法、团结互助、开拓创新。

　　教练员的职业知识技能，是从事驾驶培训教学职业应该具备的专业知识和能力。俗话说"三百六十行，行行出状元"，若没有过硬的专业知识以及精湛的驾驶操作技能，就无法培养出合格的驾驶人，更不可能成为"状元"。教练员须持续关注行业发展动态及未来趋势走向，培养自身良好的沟通协调能力与执行力，不断学习新知识、新技术，提升理论水平与教学能力。

　　教练员的职业素养，是在驾驶培训教学过程中，经过长时间的学习、改变、提高而逐渐形成，最终变成习惯的一种综合素质。教练员严谨的行为规范和良好的行为习惯是保证教学质量的前提。教练员的行为规范包括遵章守法、珍爱生命，诚实守信、规范施教，为人师表、廉洁从教，爱护学员、文明教学，努力学习、与时俱进等内容。

三、教练员职业道德的主要内容

1. 爱岗敬业、奉献社会

　　爱岗敬业、奉献社会作为最基本的职业道德规范，是对教练员教学与服务态度的普遍要求。爱岗，即热爱自己的工作岗位及本职工作。敬业，则是要用敬慕且严肃的态度对待自身工作。教练员既然选择这一职业，便要在自己的岗位上兢兢业业。教练员须站在为社会负责的角度，以自己的实际行动奉献社会。在教学工作中，教练员要端正从业态度，增强职业责任感，切实履行岗位职责，以主人翁的态度对待工作，一言一行均要对学员和社会负责。

第一章 职业道德

2. 诚实守信、优质服务

诚实守信、服务学员、尊重和爱护学员,是教练员良好道德品质和服务意识的体现。教练员和学员之间是一种服务与被服务的关系,作为服务主体的教练员,须找准自身的职业定位,摆正与学员之间的关系,以正确的服务理念、良好的服务态度以及科学的服务方法,做好服务学员的工作,满足学员的学习需求,让学员真正成为受尊重的消费者。在教学中,教练员应严格按照《教学大纲》的要求,履行教学责任,将教学与服务紧密结合起来,做到诚实守信、优质服务,树立自身良好形象,提升服务质量,不断提高学员的满意度。

3. 规范教学、保证质量

学员的有效学习时间能否得到保证,对驾驶培训质量有着直接影响。只有保证学员的教学时间,才能让学员技能经历形成、熟练、准确、自如的过程。计时教学是保障学员利益的有效方式,《教学大纲》中明确规定了每一部分、每个项目的基本教学学时要求,随意缩短教学学时,就等同于侵犯了学员的权利,没有尽到教练员的义务。严格按《教学大纲》组织教学,保证学员有效学习时间,才能提高学员学习效率。同时保证质量,使学员的利益不受损失。

4. 强化服务，廉洁执教

教练员的个人素质和道德品质，是影响机动车驾驶人培训机构（以下简称驾培机构）声誉和教学质量的重要因素。由于教练员工作环境特殊，常常会受到各类不良社会风气的影响，部分教练员在培训过程中不遵守职业道德，缺乏自尊、自爱、自强精神，只练不教，甚至出现索要财物、收红包等情况，严重损毁了驾培机构的声誉和行业形象。教练员需要不断提高自身职业道德，自觉抵制各种不正之风，强化服务意识，做到不谋私利、不弄虚作假、不欺骗学员、不投机取巧、不侵害学员的正当权利，勤教廉洁，树立良好的职业形象。

5. 严格训练、确保安全

教练员须严格遵守法律法规，保持严谨的教学作风和工作态度，遵守安全教学管理制度及各项程序，严格按照《教学大纲》的要求和教学计划实施教学，确保教学安全，这是完成驾驶培训教学任务的关键。在教学中，教练员要以认真负责的态度对待教学的每一个环节，做到一丝不苟、精益求精、严格要求、严格训练，确保每位学员在规定学时内高效完成各个学习项目，特别要注重教学的规范性。同时，要讲精讲细、精讲多练，不能心浮气躁，不可敷衍了事，把教学的着力点放于每一个环节、每一个步骤之上。在实际操作教学中，要注意保护学员安全，避免操作失误，杜绝教学事故。

第二节 基础知识

驾驶人是道路交通安全的第一道防线。驾驶人的安全文明素质直接关系到全社会道路交通安全水平及道路交通文明程度。做好机动车驾驶培训与考试工作，是筑牢道路交通安全基础的重要保障。《教学大纲》是进行驾驶培训教学的依据，驾驶培训规范化教学方法是驾驶培训教学中的重要环节之一，而机动车驾驶操作规范是驾驶培训教学的具体实施内容。

一、机动车驾驶培训教学大纲

《教学大纲》是指导机动车驾驶培训与考试的重要技术性文件，是组织实施教学和进行考试的重要参考和依据。严格按照《教学大纲》规定的内容和学时来组织与实施教学，是落实素质教育、提高培训质量、维护消费者利益的关键，同时也是培养合格驾驶人的唯一途径。教练员只有熟练掌握《教学大纲》中的教学项目、教学内容、教学目标以及学时安排，严格按照规定完成各部分教学，才能规范教学行为、确保培训质量，为社会培养高素质的安全文明驾驶人。

1.《教学大纲》的制定依据和核心理念

《教学大纲》的制定目的是加强机动车驾驶培训管理工作，规范驾驶培训教学行为，提高驾驶培训质量。其制定依据是《道路交通安全法》及实施条例、《中华人民共和国道路运输条例》《机动车驾驶员培训管理规定》《机动车驾驶证申领和使用规定》等相关法律法规。其主要内容包括《教学大纲》和驾驶培训教学日志。

《教学大纲》的核心理念是以培养学员的安全文明意识为核心，以培养学员安全规范操作为重点，突出素质教育并坚持以人为本，充分体现出以人为本、尊重生命的理念。

2.《教学大纲》的特点

（1）规范培训教学，确保培训质量。以安全意识和驾驶技能的形成规律为理论基础，遵循科学的教学规律，注重规范培训教学，引导持续创新教学方法，确保培训教学质量。

（2）突出素质教育，强化守法意识。注重学员安全文明的素质教育，降低应试要求。将安全文明驾驶习惯养成教育贯穿于教学的全过程，强化法律法规知识的理论教学，注重培养学员的守法意识和安全意识。

（3）遵循教学规律，倡导差异化教学。遵循驾驶技能及安全意识养成的教学规律，将培训分为道路交通安全法律法规和相关知识、基础和场地驾驶、道路驾驶、安全文明驾驶常识四个教学部分。项目内容和学时的设置充分考虑驾驶技能及安全意识的形成规律，注重教学安排与实际需求相融合，实现理论与实践相结合。优化教学组织、内容和环节，积极倡导根据学员特点开展差异化教学的新模式。学员在完成规定培训学时要求的基础上，可根据自身情况增加培训学时和内容，满足学员多样化、差异化的培训需求，

保障学员自主选择的权利。

（4）注重能力培养，引导交叉教学。在教学项目的设置上，从实际驾驶需求出发，充分考虑实际道路驾驶可能遭遇的情况，有针对性地设置较为实用的培训项目。要求"安全文明驾驶常识"教学应与"道路驾驶"教学交叉融合，引导"基础和场地驾驶"与"道路驾驶"进行交叉训练，注重培养学员未来在实际生活中安全驾驶车辆的能力，确保学员在取得相应驾驶证后能够独立、安全地驾驶车辆。

（5）规定基本学时，强化课堂教学。设定基本的总学时，每学时为60min。其中，有效教学时间不得低于45min，预留出理论讲解及更换学员的时间，更加符合实际操作。为满足差异化教学需求，每一项教学内容未设置固定学时，可针对学员个体差异，灵活实施个性化教学方案。要求课堂教学不得低于6学时，其中，"道路交通安全法律法规和相关知识"不得低于4学时，"安全文明驾驶常识"不得低于2学时。另外，模拟教学学时不得超过6学时。

（6）引入多种手段，倡导体验教学。要求"道路交通安全法律法规和相关知识"和"安全文明驾驶常识"教学可采取多媒体教学、远程网络教学、交通安全体验等多种方式。倡导课堂教学与网络远程教学相结合，打破传统的时空限制，充分利用高质量的教育资源，最大限度地发挥教育功效。

3.《教学大纲》的学时安排

学时是驾驶培训教学的时间单位，是以一个没有接触过汽车的人为最基本依据，以接受能力一般的人群为对象，通过取平均值来确定的最低学时。

关于基本学时，《教学大纲》对各车型、科目的培训学时安排作出了明确的规定。

《教学大纲》中对各车型、科目的培训学时安排

项目	A1 B1	A2	A3	B2	C1	C2	C3	C4 D E F	C5	C6
总学时	78	88	114	118	62	58	50	38	60	30
道路交通安全法律法规和相关知识学时	10	12	14	14	12	12	12	10	12	4
基础和场地驾驶学时	32	36	47	50	16	12	14	10	14	16
道路驾驶学时	20	22	33	32	24	24	16	10	24	4
安全文明驾驶常识学时	16	18	20	22	10	10	8	8	10	6

学时要求：

（1）《教学大纲》规定的学时为各车型最低学时要求。

（2）增加考试内容和项目，须相应增加学时。

（3）对每个学员理论培训时间每天不得超过6学时，实际操作培训时间每天不得超过4学时。

4.《教学大纲》的教学要求

（1）理论教学要求。"道路交通安全法律法规和相关知识"和"安全文明驾驶常识"

教学可采取多媒体教学、远程网络教学、交通安全体验等多种方式，倡导课堂教学与网络远程教学相结合。课堂教学不得低于6学时，其中，"道路交通安全法律法规和相关知识"不得低于4学时，"安全文明驾驶常识"不得低于2学时。

（2）操作教学要求。"基础和场地驾驶"中的"操纵装置的规范操作"和"起步前车辆检查与调整"教学内容，以及"道路驾驶"中的"恶劣条件下的驾驶""山区道路驾驶""高速公路驾驶"等内容，可采用驾驶模拟设备教学，模拟教学学时不得超过6学时。

（3）交叉训练要求。"安全文明驾驶常识"应与"道路驾驶"融合教学；"基础和场地驾驶"与"道路驾驶"可交叉训练。各省份应当根据实际情况对各准驾车型培训里程做出相关要求，除D、E、F和C6外，其余准驾车型培训里程最低不得少于260km。

（4）考核要求。每部分内容培训结束后，应对学员的学习进行考核。"基础和场地驾驶""道路驾驶"两部分考核不合格的，应由考核员提出增加复训的内容和学时建议。并鼓励驾培机构聘用二级及以上教练员担任考核员。

5.《教学大纲》的教学内容

《教学大纲》分为"道路交通安全法律法规和相关知识""基础和场地驾驶""道路驾驶""安全文明驾驶常识"四部分内容。

1）第一部分：道路交通安全法律法规和相关知识

（1）教学目标：掌握法律法规和规章中与道路交通安全有关的规定；掌握各类道路条件下的通行规则；掌握道路交通信号的含义和作用；掌握地方性法规的重点内容；了解机动车基本知识，掌握机动车主要仪表、指示灯、操纵机构及安全装置的基本知识。

（2）教学内容：法律法规和规章部分包括机动车驾驶证申领与使用、道路通行规则、驾驶行为、交通违法行为及处罚、机动车登记和使用、交通事故处理以及地方性法规。道路交通信号涵盖道路交通信号灯、交通标志、交通标线和交通警察手势。机动车基本知识包含车辆结构常识、车辆主要安全装置、驾驶操纵装置的作用、车辆性能、车辆检查和维护、车辆运行材料，还有客车（公交车）制动与安全装置以及汽车列车制动系统、连接与分离装置。

2）第二部分：基础和场地驾驶

（1）教学目标：掌握基础驾驶和场地驾驶的理论知识；掌握基础驾驶的操作要领，具备对车辆控制的基本能力；掌握基础操作和场地驾驶的基本方法，具备合理使用车辆操纵机件、正确控制车辆运动空间位置的能力，能够准确地控制车辆的行驶位置、速度和路线。

（2）教学内容：基础驾驶包括基础驾驶操作理论知识、驾驶姿势、操纵装置的规范操作、起步前车辆检查与调整、上车动作、下车动作、车上轮椅（拐杖）的放置、上车前的观察、下车前的观察、起步、停车、变速、换挡、倒车、行驶位置和路线。场地驾驶涵盖场地驾驶理论知识、场地考试项目驾驶、特殊道路模拟驾驶、应用模拟

驾驶。

3）第三部分：道路驾驶

（1）教学目标：掌握道路驾驶时的安全行车相关知识；熟练掌握一般道路以及夜间驾驶方法，能够根据不同的道路交通状况进行安全驾驶；具备自觉遵守交通法律法规、有效处置随机交通状况、无意识合理操纵车辆的能力，实现安全、文明、谨慎驾驶。

（2）教学内容：道路训练包括跟车行驶（距离和速度把控）、变更车道、靠边停车（顺位停车）、掉头、通过路口（直行通过路口、路口左/右转弯）、通过人行横道、通过学校区域、通过公交车站、会车、超车、夜间驾驶（正确使用灯光）。模拟训练涵盖恶劣条件下的驾驶、山区道路驾驶、高速公路驾驶。应用训练包含行驶路线选择（自行选择、安全驾驶）、S形倒车入位、L形倒车入位。

4）第四部分：安全文明驾驶常识

（1）教学目标：掌握各种道路条件、气象环境下的安全文明驾驶知识；掌握正确辨识各类道路交通信号的知识；掌握危险源辨识知识；掌握紧急情况下的临危处置知识；了解发生交通事故后现场处置、伤员自救常识及特性等内容；正确分析各类典型事故案例。

（2）教学内容：包括安全驾驶生理和心理状态、文明礼让、险情预测与分析、紧急情况临危处置、高速公路驾驶紧急避险、发生交通事故后的处置、违法行为综合判断与案例分析。道路训练涵盖安全驾驶、道路交通信号辨识、夜间驾驶、雨天驾驶、施工道路驾驶、通过铁路道口、山区道路驾驶、通过桥梁、通过隧道。模拟训练包含冰雪道路驾驶、雾（霾）天驾驶、大风天气驾驶、泥泞道路驾驶、涉水驾驶。

6. 教学日志

（1）教学日志是根据《教学大纲》规定的各种培训车型的教学要求、教学内容编制而成的，规范、及时、如实、准确地填写教学日志，是教学工作的重要一环。

（2）教学日志是《教学大纲》的重要组成部分，是驾驶培训教学过程中的重要环节和有效记录，是确保《教学大纲》落实到位的主要手段。

（3）教学日志可以监督教练员更好地按照《教学大纲》规定开展教学，规范自身教学行为，促使教学规范化，能够让学员了解每一次教学中所要学习的项目、目标、内容和学时。教学日志作为签署培训记录的文件，是考核驾培机构培训和教练员教学工作及其质量信誉的重要依据。

第一章 职业道德

7. 教学日志的填写方法

1）道路交通安全法律、法规和相关知识教学日志

车　　型：××
基本学时：××

培训机构名称：××××	学员姓名：×××	学员编号：××××

道路交通安全法律、法规和相关知识 基本学时：××	教学项目：1.法律、法规及道路交通信号；2.机动车基本知识；3.综合复习及考核

次数／ 日期（月／日）	1 ／	2 ／	3 ／	4 ／	5 ／	6 ／	7 ／	8 ／	9 ／	…… ／
教学项目序号										
学时										
学员签字										
教练员评价及签字										

考　　核			
次数／考核日期	1／月　日	2／月　日	……／月　日
考核意见	□合格 □不合格 建议：	□合格 □不合格 建议：	□合格 □不合格 建议：
考核员签字			

增加培训学时					
次数	日期（月／日）	教学内容	所用学时	学员签字	教练员评价及签字
1	／	法律、法规及道路交通信号			
2	／	机动车基本知识			
3	／	综合复习			

2）基础和场地驾驶教学日志

基础和场地驾驶 基本学时：××		教学项目：1.基础驾驶；2.场地驾驶；3.综合驾驶及考核							

次数 / 日期（月/日）	1 /	2 /	3 /	4 /	5 /	6 /	7 /	8 /	8 /	10 /
教学项目序号										
学时										
学员签字										
教练员评价及签字										
次数 / 日期（月/日）	11 /	12 /	13 /	14 /	15 /	16 /	17 /	18 /	19 /	…… /
教学项目序号										
学时										
学员签字										
教练员评价及签字										

考　核			
次数 / 考核日期	1/ 月 日	2/ 月 日	……/ 月 日
考核意见	□合格 □不合格 建议：	□合格 □不合格 建议：	□合格 □不合格 建议：
考核员签字			

增加培训学时					
次数	日期（月/日）	教学内容	所用学时	学员签字	教练员评价及签字
1	/				
2	/				
……	/				

3）道路驾驶教学日志

道路驾驶 基本学时：××				教学项目：1.跟车行驶；2.变更车道；3.靠边停车；4.掉头……						

次数/ 日期（月/日）	1 /	2 /	3 /	4 /	5 /	6 /	7 /	8 /	8 /	10 /
教学项目序号										
学时										
学员签字										
教练员评价及签字										
次数/ 日期（月/日）	11 /	12 /	13 /	14 /	15 /	16 /	17 /	18 /	19 /	…… /
教学项目序号										
学时										
学员签字										
教练员评价及签字										

考　核			
次数/ 考核日期	1/ 月　日	2/ 月　日	……/ 月　日
考核意见	□合格 □不合格 建议：	□合格 □不合格 建议：	□合格 □不合格 建议：
考核员签字			

增加培训学时					
次数	日期（月/日）	教学内容	所用学时	学员签字	教练员评价及签字
1	/				
2	/				
……	/				

4）安全文明驾驶常识教学日志

安全文明驾驶常识 基本学时：××		教学项目：1.安全、文明驾驶知识；2.危险源辨识与防御性驾驶知识……								

次数／ 日期（月／日）	1 ／	2 ／	3 ／	4 ／	5 ／	6 ／	7 ／	8 ／	8 ／	10 ／
教学项目序号										
学时										
学员签字										
教练员评价及签字										

考　　核			
次数／ 考核日期	1／ 月 日	2／ 月 日	……／ 月 日
考核意见	□合格 □不合格 建议：	□合格 □不合格 建议：	□合格 □不合格 建议：
考核员签字			

结 业 意 见			
学员姓名		身份证号	
驾培机构 审核盖章	该学员各部分考核均合格，准予结业。 （驾培机构章） 年　月　日		

驾驶培训电子教学日志（样式）

驾培机构名称：××××××	学员姓名：××× 学员编号：××××		车型：××	
××××（如道路驾驶） 基本学时：××	教学项目：×××××××××××××××××××××××××			
培训日期	××××年×月×日	训练照片1	训练照片2	
培训时段	hh：mm-hh：mm（24小时制）			
教练员	×××			
教练车号牌	××××学	总累计学时	×××（单位：min）	
本次培训教学项目	××××××××××	法律法规和相关知识 累计学时	×××（单位：min）	
本次培训学时	×××（单位：min）	基础和场地驾驶 累计学时	×××（单位：min）	
本次培训行驶里程	×××（单位：km）	道路驾驶 累计学时	×××（单位：min）	
本次培训平均速度	×××（单位：km/h）	安全文明驾驶常识 累计学时	×××（单位：min）	
教练员评价				
教练员签字		学员签字		

备注：1. 本表中所列为电子教学日志中必备内容，驾培机构可根据此表样式，结合计时培训管理需求，自行设计使用此日志。
　　　2. 电子教学日志与纸质教学日志具有同等效力。

二、驾驶培训规范化教学方法

驾驶操作教学，是以培养能力为目标，以驾驶操作技能为核心，以规范化教学为依托，形成既有综合性、通用性，又有实用性、针对性，有助于全面提高培训质量的方法体系；主要通过规范化教学完成规定内容的操作训练，让学员熟练掌握驾驶技能，安全规范地驾驶机动车。

机动车驾驶培训规范化教学是教练员在教学过程中必须遵守的具有固定形式和职业特点的特定教学方法，是驾驶培训教学中的一个重要环节，是一种融技能、意识、安全为一体的教学模式。教练员应严格按照规范化教学的要求实施教学，以确保教学质量。

三、驾驶教学手势和口令规范

驾驶教学手势和口令，是教练员在教学过程中指导学员以及进行安全保护所必须使用的方法和手段，能够帮助学员正确、迅速地理解教练员的意图，进而提高教学质量。教练员要做到姿势规范、口语和手势规范、教学过程规范、操作动作规范。

1. 教练员的教学姿势

教练员坐在右侧驾驶座上，双眼目视前方，用余光注视学员的动作，右脚置于副制动踏板上或副制动踏板左下侧，随时做好应对紧急情况的准备。

2. 起步手势与口令

左手五指并拢，曲臂向前平伸，手指向下，掌心向后，向前缓缓挥动1～2次，同时发出"起步！"口令。学员检查仪表完毕后向教练员汇报并请示起步，教练员确认学员操作无误后，发出"起步！"手势和口令。

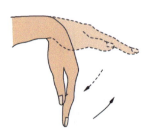

3. 加速手势与口令

左手五指并拢，曲臂向前平伸，掌心向下，向前方急挥 2～3 次，同时发出"加速！"口令。用于必须加速的路段，教练员根据道路和交通情况，认为确需加速而学员无加速意识时，发出"加速！"手势和口令。

4. 慢行手势与口令

左手五指并拢，手臂向前平伸，掌心向下，上下缓缓浮动数次，同时发出"慢！"口令。用于前方视线不清，情况不明，确需减速慢行而学员无减速意识时，教练员发出"慢！"手势和口令。

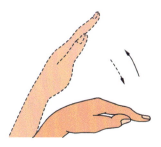

5. 向右行手势与口令

左手五指并拢，曲臂向前竖伸，掌心向右，向右摆动数次，同时发出"向右！"口令。用于前方道路情况须向右行驶或变更车道，而学员无向右行驶的意识，须提醒其向右行驶时，教练员发出"向右！"手势和口令。

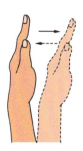

6. 向左行手势与口令

左手翻手，曲臂向前竖伸，五指并拢，拇指向下，掌心向左，向左摆动数次，同时发出"向左！"口令。用于前方道路情况或变更车道须向左行驶，而学员无向左行驶的意识，须提醒其向左行驶时，教练员发出"向左！"手势和口令。

7. 向左转弯手势与口令

左手曲臂向前,用食指指向左侧,由小臂带动手指沿着左方进行圆弧划动,指示车辆向左转弯,同时发出"左转弯!"口令。用于在各种路口教练员指示学员向左转弯。

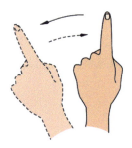

8. 向右转弯手势与口令

左手曲臂向前,用食指指向右侧,由小臂带动手指沿着右方进行圆弧划动,指示车辆向右转弯,同时发出"右转弯!"口令。用于在各种路口教练员指示学员向右转弯。

9. 按喇叭手势与口令

左手曲臂向前,手心向右握拳,拇指跷起,拇指上下按动 2~3 次,同时发出"喇叭!"口令。用于教练员提醒学员鸣喇叭。

10. 注意手势与口令

用左手食指指向障碍物，以示警告，同时发出"注意！"口令。用于教练员提醒学员注意前方障碍，做好随时采取相应措施的准备。

11. 打开转向灯手势与口令

左手五指尖向上并拢，一张一捏2~3次，同时发出"转向灯！"口令。用于教练员提醒学员在变更车道和转弯前打开转向灯。

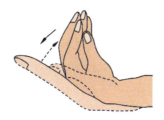

12. 关闭转向灯手势与口令

左手五指尖向下并拢，一张一捏2~3次，同时发出"转向灯！"口令。用于教练员提醒学员在变更车道和转弯后关闭转向灯。

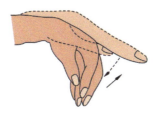

13. 减速向右停车手势与口令

左手五指并拢，曲臂向前平伸，掌心向下，上下摆动2~3次以示减速；然后立即将手臂竖伸，手掌向右摆动1次，再变掌心向下摆动1次，并停顿片刻，以示停车；同时发出"减速停车！"口令。用于教练员指示学员向右侧减速停车。

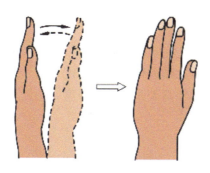

14. 选择地点停车手势与口令

用左手食指，指向右侧固定目标，以示定点停车位置；然后立即变掌心向右摆动1次，再变掌心向下摆动1次，并停顿片刻，以示停车；同时发出"在××位置停车！"口令。用于教练员指示学员在指定位置定点停车。

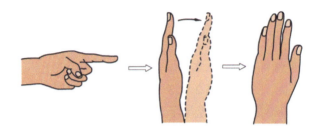

15. 靠边停车手势与口令

左手五指并拢，曲臂向前竖伸，先将掌心向右摆动2～3次，以示减速靠边；然后立即变掌心向下摆动，并停顿片刻，以示停车；同时发出"靠边停车！"口令。用于教练员指示学员靠边停车。

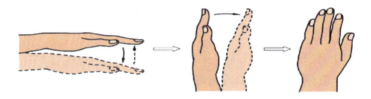

16. 快停车手势与口令

左手五指并拢，曲臂向前平伸，掌心向下，上下快速浮动数次，同时发出"快停！"口令。用于前方出现紧急情况时，教练员提醒学员立即采取紧急停车措施。

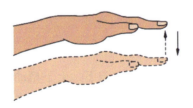

四、机动车驾驶操作规范

机动车驾驶操作规范是驾驶人安全操作的重要环节。对驾驶操纵机构进行规范操作，将基础动作相对固定，对操作动作进行统一的规范要求，能使驾驶人形成安全、便捷、轻松的良好驾驶姿势，可以减轻驾驶人的劳动强度，避免驾驶疲劳，有益于驾驶人的身体健康。

1. 转向盘的规范握法

操作转向盘时，双手握在转向盘两侧盘缘（小型汽车可采取左手握在时钟9时位置，右手握在时钟 3 时位置），食指到小指四个手指由内向外自然地握住，拇指自然按住转向盘边缘，注意不要握得太紧。

2. 变速器操纵杆的规范握法

操作变速器操纵杆时，以右手掌心轻贴手柄，五指自然握住挡位球头，用右手腕肘关节的力量推拉操纵杆。

3. 驻车制动器的规范操作

操作拉杆式驻车制动器制动装置时，右手自然握住拉杆，制动用力向上拉起。解除制动时，向上微提拉杆，同时按下拉杆前端按钮，向下松到底。

4. 离合器踏板的规范操作

操纵离合器踏板时，把左脚前脚掌放在离合器踏板上，用膝关节和踝关节的伸屈动作踩下或松开。踩下踏板，离合器分离；抬起踏板，离合器接合。

5. 制动踏板的规范操作

操纵行车制动装置的制动踏板时，把右脚前脚掌放在制动踏板上，用膝关节的伸屈动作踩下或松开。踩下踏板制动起作用，放松踏板解除制动。

6. 加速踏板的规范操作

操纵加速踏板时，把右脚跟放在底板上作为支点，脚掌轻轻踏在踏板上，用踝关节伸屈动作踩下或抬起。踩下踏板，发动机转速提高。抬起踏板，发动机转速降低。加速踏板保持在一定位置，可实现定速行驶。

7. 点火开关的规范操作

点火开关用于接通或切断起动机、点火和电器线路。点火开关一般设有 0 或 LOCK、Ⅰ 或 ACC、Ⅱ 或 ON、Ⅲ 或 START 四个位置。START 位置起动机起动；Ⅰ 或 ACC 位置，发动机关闭，其他车用电器可正常使用；ON 位置，发动机工作；LOCK 位置，发动机熄火，拔出钥匙转向盘会锁住。

8. 灯光、信号组合开关规范操作

灯光、信号组合开关，可控制前照灯（远光灯和近光灯）、转向灯、示廓灯、雾灯和信号灯光。打开开关，旋转到标识灯光的图案，相应的灯点亮。将开关向上提，右转向灯亮。将开关向下拉，左转向灯亮。

9. 除雾器开关规范操作

除雾器开关控制汽车除雾器，按下除雾器开关，指示灯点亮，除雾器开始工作。上方的按钮是前风窗玻璃除雾开关，下方的按钮是后风窗玻璃除雾开关。

常见开关符号

符号图示	表示	符号图示	表示
	车灯总开关		冷风暖气风扇
	空气外循环		前风窗玻璃刮水器开关
	空气内循环		前风窗玻璃刮水器及洗涤器开关
	地板及迎面出风		后风窗玻璃刮水器及洗涤器开关
	迎面吹风		车门锁住开锁开关
	地板及前风窗玻璃吹风		儿童安全锁开关

第三节　理论教学设备知识

　　驾驶培训常用的理论教学设备包括多媒体教学设备和教学磁板。按照《机动车驾驶员培训机构资格条件》（GB/T 30340—2013）要求，机动车驾驶培训企业的教练员应使用多媒体教学软件进行理论教学。各个级别的机动车驾驶培训企业都应配备1套及以上的教学磁板，以满足教练员的教学需要。

一、多媒体教学设备使用知识

1. 多媒体教学系统

　　多媒体教学设备是教练员进行理论教学和辅导教学的工具，属于精密仪器，主要由计算机、投影仪、影音播放器以及多媒体教学软件等组成。计算机将多媒体教学软件或教学课件通过投影仪、影音播放器以及投影幕布展现出来，辅助教练员完成理论和视频教学活动。

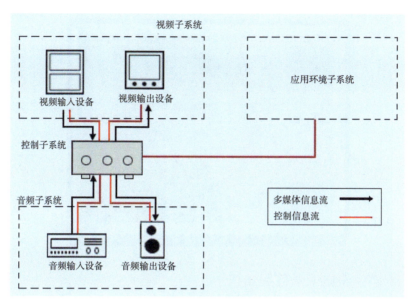

多媒体系统原理图

多媒体教学设备的出现，使课堂教学的授课形式发生了颠覆式转变，形式新颖、活泼且形象的教学画面替代了传统的黑板教学，具有强烈的视觉效果，减轻了教练员的劳动强度，使教练员摆脱了影响身体健康的恶劣教学环境。多媒体教学工具将抽象思维与形象思维有机地结合起来，增强了驾驶学员的学习兴趣，显著提高了教学效率，产生了良好的教学效果。

2. 多媒体教学设备软件及配置要求

多媒体教学软件的内容应当满足《教学大纲》的要求，且具备集文字、图片、声音、动画和视频于一体的功能。一级驾驶培训企业应配备2套及以上的多媒体教学软件，二级和三级驾驶培训企业应配备1套及以上的多媒体教学软件。

二、教学磁板使用知识

1. 教学磁板

教学磁板是一种将道路交通背景、交通参与者、交通标志标线、交通信号灯和交通警察手势等各种交通元素集于一体，能够灵活组建各种具体交通场景的教学工具。教学磁板由计算机、投影设备、磁板、电子笔、擦除刷、音响、打印等设备构成。教学磁板内设了各种不同元素，能够进行任意组合，可增强教学的互动性，使教学内容更加直观、生动。

2. 教学磁板使用要求

使用教学磁板进行教学时，教练员可以根据教学内容与要求，在教学磁板上对各种元素进行灵活组合，搭建出满足教学需要的交通场景，使驾驶培训教学更加直观、灵活和生动。

三、其他教学设施设备使用知识

1. 教学挂图

教学挂图包括交通信号挂图、机动车结构及工作原理挂图，能够直观地展现交通信号的图示及其用途、机动车结构及工作原理和主要零部件（发动机、底盘、车身和电气设备）的内部结构图。

2. 教具

模型教具主要包括透明或实物整车解剖模型、发动机透明或解剖模型、电气设备透明模型；医学救护用具主要有心肺复苏训练模拟人、急救用品（包括止血带、三角巾、固定夹板、包扎纱布及车用急救包等）；安全带体验装置由台架、座椅、安全带、驱动装置、保护装置等组件组成。

3. 教学教具设备要求

按照有关要求，机动车驾驶培训企业需要配备规定数量的教学设备，供教练员教学使用，不同级别的驾培机构配备的教学设备的数量应满足教学需要。

教学教具设备要求

设备类别	设备名称	设备数量		
		一级	二级	三级
教学挂图	交通信号挂图	≥2	≥1	≥1
	机动车结构及工作原理图	≥2	≥1	≥1
模型教具	透明或实物整车解剖模型	≥1	≥1	≥1
	发动机透明或解剖模型	≥1	≥1	≥1
医学救护用具	心肺复苏训练模拟人	≥1	≥1	≥1
	急救用品（止血带、三角巾、固定夹板、包扎纱布及车用急救包等）	≥1	≥1	≥1
	车辆安全带保护作用体验装置	≥1	≥1	≥1

第二章

理论知识教学

理论知识教学是驾驶培训教学的首个环节，同时也是整个培训教学的重点。道路交通安全法律法规和相关知识是学员在进行实际操作教学前必须学习并掌握的理论知识，而安全文明驾驶常识则是道路驾驶教学中不可或缺的理论知识。

第一节 理论教学准备

一、理论教案编写

教案是教练员从事培训教学的基本功，也是保证教学质量的一项重要工作。编写教案是教练员为实现《教学大纲》的目标而进行的具体细化和精心设计的授课框架，是教练员对教学内容进行消化、加工、提炼的过程。制订一份完整的、成体系的、标准化的教学教案，能够起到以纲为本、规范教学、联系实际的教学效果。

1. 教案编写的基本要求

教练员在实施教学活动和教学方案之前，须根据教学内容与要求编制本堂课的教案。教案的编写应按照要求、步骤和格式进行，既不是对教材简单的重复与缩写，也不是对教学参考书的抄写，而是教练员对教材的再次加工与创造。

（1）依纲扣本，中心突出。教案编写须紧扣《教学大纲》规定的教学内容和教学要求，依纲扣本，具有针对性，做到主次分明，脉络清晰。尤其要注意教学内容和要求必须符合《教学大纲》及统编教材的内在规律，不能脱离统编教材中知识的完整性和系统性，不可随心所欲地编写教案。

（2）遵循规律，科学安排。编写教案要遵循学员知识和技能的形成规律，对教学内容的设计应由浅入深，先从简单的知识、动作开始，逐渐过渡到全面、综合的训练。教学内容和学时的安排要科学合理，把握好教学的节奏，便于教学的顺利进行。

（3）文字简练，易于操作。教案编写的文字表述和专业用词必须规范，组织教学语言应叙述严谨、言简意赅。编写的教案要从实际需求出发，充分考虑其可行性与可操作性，教学效果是判别教案是否适用的标准之一。

（4）合理设计，因材施教。编写教案时，要根据具体的教学内容和要求，充分考虑实际教学需要，对所讲授的内容要有一个合理的教学设计，确定采用何种教学方法来完成教学。"教学有法，教无定法，贵在得法"。要在尊重学员的基础上，根据学员的年龄、知识水平的差异，理解和接受能力的差异，以及教学内容与环境的差异，选用易于被学员理解的语言，帮助学员准确地接受和掌握驾驶技能，提高教学效率。

（5）有的放矢，创新教学。进行教学设计时，要有明确的主题、目的、内容和要求。教案编写必须结合实际情况来确定教学目标、重点、难点，在设计教学过程中，避免出现常识性的错误。教案编写要注重知识创新、理念创新、形式创新，适当地设计体验式教学、互动教学、模拟教学等新模式，培养学员的学习兴趣，实现驾驶培训教学的与时俱进。

2. 教案编写的步骤

教案编写要紧扣《教学大纲》规定的教学内容与教学要求，遵守教案编写原则，按照教案编写的步骤和要求，充分考虑到学员的情况，突出重点，增强针对性，拓宽教学知识面，设计出能够体现教学思想、重点突出、层次脉络清晰且个性鲜明的教案。

（1）确定教学内容。教练员编写教案所要做的准备工作有：分析《教学大纲》、阅读教材或收集素材、了解学员实际情况以及研究教学方法。根据《教学大纲》规定的教学项目和内容，结合学员实际掌握的学习情况，按照教学计划安排编写培训教案。分析《教学大纲》设定的培训内容，理解教学目标要求，确定核心知识点和重点教学内容。充分阅读教材，按照教学实际对教材的内容进行提炼、分类，并尽量收集与教学有关的素材，以丰富教案的内容。分析教学对象，了解教学对象的学习和掌握情况，认真研究教学对象的学习能力和认知规律，有针对性地进行备课，从而更有效地提高教学效果。

（2）教案设计。教练员在编写教案之前，要针对教学科目和内容，对课程进行详尽设计，形成一条编写教案的主线，以便规范实施教学。理论教学过程可采用课堂授课、多媒体教学、语音教学、网络教学等多种形式，需注意教学内容要与授课形式相适应，且每堂课的时间不宜过长，课程内容以学员为中心。理论教学设计包括导入新课、讲授新课、总结练习、作业安排。实际操作教学主要采取教练员与学员"一对一"授课形式。需要注意的是，要树立"学员主动学习"的观点，教练员进行动作讲解、示范、指导或训练总结，以学员自主练习和训练为主，注重对学员实际操作技能的培养。实际操作过程设计有讲解、示范、练习、点评、反复练习。

（3）教案编写。紧扣《教学大纲》规定的教学内容和教学要求，遵守教案的编写规范，按照教案编写原则、格式以及教学规律进行编写。教练员编写理论教案时，要突出重点、增强针对性，不仅要涵盖《考试大纲》的考试要点，还应拓宽教学知识面，将守法教育和安全意识教育贯穿始终，使安全常识与实际道路驾驶训练紧密结合，强化守法驾驶、规范操作以及安全文明行车。编写内容包括教学科目、教学学时、教学目的、教学要求、教学内容、重点难点、教学方法以及教学工具。

3. 教案编写的内容

（1）教学科目：《教学大纲》中设置的理论教学内容。

（2）教学学时：《教学大纲》中规定的理论教学学时及学时分配。

（3）教学目的：《考试大纲》理论考试目标中所要完成的理论教学任务。

（4）教学要求：《教学大纲》理论教学目标中需要熟悉、掌握、了解的理论知识。

（5）教学内容：《考试大纲》规定的考试要点，统编教材中教学知识点和具体授课内容。

（6）重点难点：教学中的关键性问题、重点内容和难理解的知识。

（7）教学方法：授课时采用的具体教学方法。

（8）教学工具：讲课使用的教学工具、设备。

理论教案实例

教学科目	道路交通信号灯	教学学时	1
教学目的	让学员识别道路交通信号灯种类，培养学员遵守道路交通信号灯的意识		
教学要求	使学员掌握道路交通信号灯的含义和作用		
教学内容	（参考要点） 常见的交通信号灯有：红灯、绿灯、黄灯；此外还有车道信号灯、箭头信号灯、黄色闪光警告信号灯、道路与铁路平面交叉道口信号灯。 1. 红灯亮 在路口直行的车辆要停在路口停止线以外。右转弯的车辆在不妨碍被放行的车辆和行人通行的情况下，可以通行。 2. 绿灯亮 准许车辆通行，但是转弯车辆不得妨碍被放行的直行车辆、行人通行。 3. 黄灯亮 已越过停止线的车辆可以继续通行，没有越过停止线的车辆不得进入路口，更不能加速抢行通过交叉路口。 4. 车道信号灯 用于指挥车道的通行的信号灯。绿色箭头灯亮时，准许本车道车辆按指示方向通行；红色叉形灯或红色箭头灯亮时，禁止本车道车辆通行。 5. 方向指示信号灯 指挥机动车行驶方向的专用信号灯。方向指示信号灯向左、向上、向右的箭头分别表示左转、直行、右转。 6. 掉头信号灯 指挥车辆掉头的专用信号灯。绿灯亮时，准许车辆掉头，掉头时，不得妨碍正常行驶的车辆和行人通行。红灯亮，禁止车辆掉头。 7. 闪光警告信号灯 用于警示车辆、行人注意的信号灯。在信号灯解除或没有设置信号灯控制的小路口，提醒车辆、行人在确保安全的情况下通行。 8. 道路与铁路平面交叉道口信号灯 为避免车辆和行人与列车发生冲突的信号灯。一个红灯亮或者两个红灯交替闪烁时，禁止车辆、行人通行；红灯熄灭时，允许车辆、行人通行。		
重点难点	道路交通信号灯的识别		
教学方法	理论教练员课堂讲解		
教学工具	多媒体课件		

二、多媒体教学课件

多媒体课件是教练员用以辅助教学的工具，具有丰富的表现力、良好的交互性和共享性。它是教练员根据《教学大纲》的要求和教学需要，经过严格的教学设计，以多种媒体表现方式制作而成的课程软件。

1. 多媒体课件的内容和表现形式

多媒体课件应与教材内容紧密结合，具有一定的深度和广度，能够反映教学中的重点、包含一定量的练习题和思考题，以满足教学与考试的需要。

多媒体要按照教材全书、章、节及典型的考试题型等形式进行制作，每一课件的内容必须制作完整。对于教材中的重点、难点，要充分利用图形、图片、视频、Flash、声音、电子模型等各种技术手段进行展现，使学员易于理解、便于记忆。

教练员可根据自己的创意，先从总体上对信息进行分类组织，然后将文字、图形、图像、声音、动画、影像等多种媒体素材在时间和空间两方面进行集成，使其融为一体并赋予它们交互特性，从而制作出用于授课的教学课件。

2. 多媒体课件的基本要求

多媒体课件设计要遵循教学规律，体现专业培养目标，同时应当具有教学性、科学性、技术性和艺术性等特点。

（1）教学性：课件选题适当，内容紧扣《教学大纲》的课程要求。教学目标明确，教学重点突出，有助于阐明重点、突破难点，能够体现多媒体教学的辅助性、形象性、启发性等原则，表现形式合理且新颖，符合学员认知规律。教学效果显著，能够起到传统教学手段所无法起到的作用，充分体现多媒体教学的优势，适应教学需要。

（2）科学性：课件内容正确无误，逻辑严谨，层次清晰。场景设置、素材选取、术语应用、操作示范等均符合相关要求。模拟仿真符合教学规律，能为学员理解教学内容、完成教学目标服务。课件展示的时机恰当，展示时间适中，符合学员的认知心理。

（3）技术性：课件界面人性化，操作方便灵活，不存在导航、链接错误，启动、链接转换时间短，具有良好的稳定性。能根据需要选用最为适当的技术手段，充分利用视频、音频、动画等多媒体技术，并具备相应的控制技术，框架结构完整、规范、合理。

（4）艺术性：课件界面布局合理，整体风格统一，色彩搭配协调，界面内容简洁、美观，符合视觉心理。文字、图片、音频、视频、动画等配合恰当，符合课件主题。制作精细，吸引力、感染力强，能激发学员学习兴趣。

3. 多媒体课件的教学要求

教练员使用多媒体课件授课，必须掌握多媒体课件制作及使用的基本技术与方法。利用多媒体课件图文并茂、音像丰富、信息量大的教学优势，精心设计多媒体教学教案，将传统教学手段、教师个人特色和多媒体辅助教学有机结合。授课时，教练员要加强与学员之间的沟通与交流，活跃课堂氛围，调动学员学习积极性。

4. 多媒体课件的制作

课件制作要采用合适的字体、字号与字型。文字内容要简洁，突出重点，以提纲式为主。

文字内容的字号要尽量大，标题一般用 44 号或 40 号，正文用 32 号，一般不得小于 24 号，最小不能小于 20 号。尽量减少文字显示数量，不要把幻灯片制作得太满，底部应留出空白。一行字数在 20 ~ 25 个为宜，尽量不超过 7 行，最多为 10 行。

标题字体的颜色要与文本字体有所区别，同一级别的标题要用相同字体颜色和大小。一个句子内尽量使用一种颜色，如果用两种颜色，要在整个幻灯片内统一使用。文字颜色一般使用 3 种字体颜色，与背景形成对比，要求搭配醒目、和谐。文字和背景的颜色搭配要合理，要求醒目、易读，避免视觉疲劳。一般文字应选用暖色调或亮度高的颜色，背景选用冷色调或亮度较低的颜色。

几种常用的颜色搭配方案

文字颜色	背景颜色
白色	黑色、绿色、红色
黄色	蓝色、黑色、红色

文字显示可采用自定义动画等形式，对于文字资料，文字内容应逐步引入，随着讲课过程逐步显示，这样有利于学员抓住重点。在引入时，可采用多种多样的动画效果以及清脆悦耳的音响效果，以引起学员的注意。当有较多文字显示时，可采用滚动文本窗技术，用来突出文字效果。各行文字内容的排列要整齐，字间距、行间距以及水平及竖直方向的对齐要进行合理处理。总之，经过处理的文字要更加错落有致，另外还要注意尽量避免出现纯文字的页面，适当地应用一些图片、图形、动画、视频等内容进行衬托。

第二节　法律、法规、规章教学

法律、法规、规章教学是驾驶培训教学的重点，贯穿于整个教学过程。学习并掌握道路交通安全法律、法规、规章及相关知识，是预防道路交通事故、保障交通安全、确保出行平安的前提和基础。培训学员遵守法律法规，倡导交通文明、创建和谐的交通环境，是每个教练员教学过程中的责任和义务。

一、《道路交通安全法》相关规定

《道路交通安全法》明确规定，机动车、非机动车实行右侧通行。任何违反《道路交通安全法》的行为均属于违法行为。

1. 机动车规定

国家对机动车实行登记制度。机动车经公安机关交通管理部门登记后，方可上道路行驶。尚未登记的机动车，若须临时上道路行驶，应当取得临时通行牌证。

驾驶人驾驶机动车上道路行驶，应当悬挂机动车号牌，放置检验合格标志、保险标志，并随车携带机动车行驶证。机动车号牌应当按照规定悬挂并保持清晰、完整，不得故意遮挡、污损。

2. 机动车驾驶人规定

驾驶机动车，应当依法取得机动车驾驶证。申请机动车驾驶证，应当符合国务院公安部门规定的驾驶许可条件；经考试合格后，由公安机关交通管理部门发放相应类别的机动车驾驶证。驾驶人应当按照驾驶证上载明的准驾车型驾驶机动车；驾驶机动车时，应当随身携带机动车驾驶证。

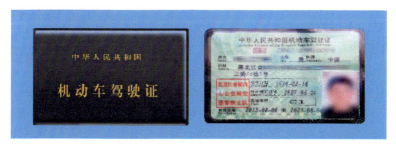

机动车行驶时，驾驶人、乘坐人员应当按规定使用安全带，摩托车驾驶人及乘坐人员应当按规定戴安全头盔。

3. 道路通行规定

机动车、非机动车实行右侧通行。道路分为机动车道、非机动车道和人行道，机动车、非机动车、行人实行分道通行。没有划分机动车道、非机动车道和人行道的，机动车在道路中间通行，非机动车和行人在道路两侧通行。

道路划设专用车道的，在专用车道内，只准许规定的车辆通行，其他车辆不得进入专用车道内行驶。车辆、行人应当按照交通信号通行；遇到交通警察现场指挥时，应当按照交通警察的指挥通行；在没有交通信号的道路上，应当在确保安全、畅通的原则下通行。

4. 机动车通行规定

机动车在道路上行驶时，不得超出限速标志标明的最高时速。在没有限速标志的路段，必须保持安全车速。在夜间行驶或者在容易发生危险的路段行驶以及遇到沙尘、冰雹、雨、雪、雾、结冰等气象条件时，应当降低行驶速度。

同车道行驶的机动车，后车应当与前车保持足以采取紧急制动措施的安全距离。有下列情形之一的，不得超车：

（1）前车正在左转弯、掉头、超车的；

（2）与对面来车有会车可能的；

（3）前车为执行紧急任务的警车、消防车、救护车、工程救险车的；

（4）行经铁路道口、交叉路口、窄桥、弯道、陡坡、隧道、人行横道、市区交通流量大的路段等没有超车条件的。

机动车通过交叉路口时，应当按照交通信号灯、交通标志、交通标线或者交通警察的指挥通过。

在通过没有交通信号灯、交通标志、交通标线或者交通警察指挥的交叉路口时，应当减速慢行，并让行人和优先通行的车辆先行。

机动车行经人行横道时，应当减速行驶；遇行人正在通过人行横道，应当停车让行。机动车行经没有交通信号的道路时，遇行人横过道路，应当避让。

机动车遇有前方车辆停车排队等候或者缓慢行驶时，不得借道超车或占用对面车道，更不得穿插等候的车辆。在车道减少的路段、路口，或者在没有交通信号灯、交通标志、交通标线或者交通警察指挥的交叉路口遇到停车排队等候或者缓慢行驶时，机动车应当依次交替通行。

机动车通过铁路道口时，应当按照交通信号或者管理人员的指挥通行。在没有交通信号或者管理人员的情况下，应当减速或者停车瞭望，在确认安全后通过。

机动车在道路上发生故障，需要停车排除故障时，驾驶人应当立即开启危险报警闪光灯，将机动车移至不妨碍交通的地方进行停放；若难以移动，则应当持续开启危险报警闪光灯，并在来车方向设置警告标志等措施以扩大示警距离，必要时迅速报警。

5. 高速公路特别规定

高速公路限速标志标明的最高时速不得超过120km。机动车在高速公路上发生故障时，驾驶人应当立即开启危险报警闪光灯，将机动车移至不妨碍交通的地方停放；

难以移动的，应当持续开启危险报警闪光灯，并在来车方向 150m 以外设置警告标志等措施扩大示警距离，车上人员应当迅速转移到右侧路肩上或者应急车道内，并且迅速报警。

二、《中华人民共和国道路交通安全法实施条例》

驾驶机动车上道路行驶，驾驶人必须严格遵守《中华人民共和国道路交通安全法实施条例》有关规定，按照通行规定行驶。驾驶机动车在道路上违反道路通行规定，必须接受相应的处罚。对违法驾驶造成重大交通事故构成犯罪的驾驶人，依法追究其刑事责任。

1. 车道通行规定

在道路同方向划有 2 条以上机动车道的，左侧为快速车道，右侧为慢速车道。在快速车道行驶的机动车应当按照快速车道规定的速度行驶，未达到快速车道规定的行驶速度的，应当在慢速车道行驶。有交通标志标明行驶速度的，按照标明的行驶速度行驶。慢速车道内的机动车超越前车时，可以借用快速车道行驶。在道路同方向划有 2 条以上机动车道的，变更车道的机动车不得影响相关车道内行驶的机动车的正常行驶。

2. 限速通行规定

机动车在道路上行驶不得超过限速标志、标线标明的速度。在没有限速标志、标线的道路上，没有道路中心线的道路，城市道路为30km/h，公路为40km/h；同方向只有1条机动车道的道路，城市道路为50km/h，公路为70km/h。

机动车行驶中遇有进出非机动车道，通过铁路道口、急弯路、窄路、窄桥、掉头、转弯、下陡坡，遇雾、雨、雪、沙尘、冰雹，能见度在50m以内，在冰雪、泥泞的道路上行驶、牵引发生故障等情况时，最高行驶速度不得超过30km/h。

3. 超车规定

机动车超车时，应当提前开启左转向灯、变换使用远、近光灯或者鸣喇叭。在没有道路中心线或者同方向只有1条机动车道的道路上，前车遇后车发出超车信号时，在条件许可的情况下，应当降低速度、靠右让路。后车应当在确认有充足的安全距离后，从前车的左侧超越，在与被超车辆拉开必要的安全距离后，开启右转向灯，驶回原车道。

4. 会车规定

在没有中心隔离设施或者没有中心线的道路上，机动车遇相对方向来车时应当遵守下列规定：

（1）减速靠右行驶，并与其他车辆、行人保持必要的安全距离；

（2）在有障碍的路段，无障碍的一方先行；当有障碍的一方已驶入障碍路段而无障碍的一方未驶入时，有障碍的一方先行；

（3）在狭窄的坡路，上坡的一方先行；但下坡的一方已行至中途而上坡的一方未上坡时，下坡的一方先行；

（4）在狭窄的山路，不靠山体的一方先行；

（5）夜间会车应当在距相对方向来车150m以外改用近光灯，在窄路、窄桥与非机动车会车时应当使用近光灯。

5. 掉头、倒车规定

机动车在没有禁止掉头或者没有禁止左转弯标志、标线的地点可以掉头，但不得妨碍正常行驶的其他车辆和行人的通行。在有禁止掉头或者禁止左转弯标志、标线的地点以及在铁路道口、人行横道、桥梁、急弯、陡坡、隧道或者容易发生危险的路段，不得掉头。

机动车倒车时，应当查明车后情况，确认安全后倒车。不得在铁路道口、交叉路口、单行路、桥梁、急弯、陡坡或者隧道中倒车。

6. 通过路口规定

机动车通过有交通信号灯控制的交叉路口，应当按照下列规定通行：

（1）在划有导向车道的路口，按所需行进方向驶入导向车道。

（2）准备进入环形路口的让已在路口内的机动车先行。

（3）向左转弯时，靠路口中心点左侧转弯。转弯时开启转向灯，夜间行驶开启近光灯。

（4）遇放行信号时，依次通过。

（5）遇停止信号时，依次停在停止线以外。没有停止线的，停在路口以外。

（6）向右转弯遇有同车道前车正在等候放行信号时，依次停车等候。

（7）在没有方向指示信号灯的交叉路口，转弯的机动车让直行的车辆、行人先行。相对方向行驶的右转弯机动车让左转弯车辆先行。

机动车通过没有交通信号灯控制也没有交通警察指挥的交叉路口，应当遵守下列规定：

（1）有交通标志、标线控制的，让优先通行的一方先行。

（2）没有交通标志、标线控制的，在进入路口前停车瞭望，让右方道路的来车先行。

（3）转弯的机动车让直行的车辆先行。

（4）相对方向行驶的右转弯的机动车让左转弯的车辆先行。

（5）向左转弯时，靠路口中心点左侧转弯。转弯时开启转向灯，夜间行驶开启近光灯。

（6）准备进入环形路口的让已在路口内的机动车先行。

机动车遇有前方交叉路口交通阻塞时，应当依次停在路口以外等候，不得进入路口。在遇有前方机动车停车排队等候或者缓慢行驶时，应当依次排队，不得从前方车辆两侧穿插或者超越行驶，也不得在人行横道、网状线区域内停车等候。在车道减少的路口、路段，遇有前方机动车停车排队等候或者缓慢行驶的，应当每车道一辆依次交替驶入车道减少后的路口、路段。

7. 灯光和喇叭使用规定

机动车向左转弯、向左变更车道、准备超车、驶离停车地点或者掉头时，应当提前开启左转向灯。向右转弯、向右变更车道、超车完毕驶回原车道、靠路边停车时，应当提前开启右转向灯。

机动车在夜间没有路灯、照明不良或者遇有雾、雨、雪、沙尘、冰雹等低能见度情况下行驶时，应当开启前照灯、示廓灯和后位灯，但同方向行驶的后车与前车近距离行驶时，不得使用远光灯。在夜间通过急弯、坡路、拱桥、人行横道或者没有交通信号灯控制的路口时，应当交替使用远近光灯示意。机动车雾天行驶应当开启雾灯和危险报警闪光灯。

机动车在道路上发生故障或者发生交通事故，妨碍交通又难以移动的，应当按照规定开启危险报警闪光灯，并在车后 50m 至 100m 处设置警告标志，夜间还应当同时开启示廓灯和后位灯。

机动车驶近急弯、坡道顶端等影响安全视距的路段以及超车或者遇有紧急情况时，应当减速慢行，并鸣喇叭示意。

8. 驾驶人禁止行为规定

驾驶机动车不得有下列行为：

（1）在车门、车厢没有关好时行车；

（2）在机动车驾驶室的前后窗范围内悬挂、放置妨碍驾驶人视线的物品；

（3）拨打接听手持电话、观看电视等妨碍安全驾驶的行为；

（4）下陡坡时熄火或者空挡滑行；

（5）向道路上抛撒物品；

（6）驾驶摩托车手离车把或者在车把上悬挂物品；

（7）连续驾驶机动车超过 4h 未停车休息或者停车休息时间少于 20min；

（8）在禁止鸣喇叭的区域或者路段鸣喇叭。

9. 临时停车规定

机动车在道路上临时停车，应当遵守下列规定：

（1）在设有禁停标志、标线的路段，在机动车道与非机动车道、人行道之间设有隔离设施的路段以及人行横道、施工地段，不得停车；

（2）交叉路口、铁路道口、急弯路、宽度不足 4m 的窄路、桥梁、陡坡、隧道以及距离上述地点 50m 以内的路段，不得停车；

（3）公共汽车站、急救站、加油站、消防栓或者消防队（站）门前以及距离上述地点 30m 以内的路段，除使用上述设施以外，不得停车；

（4）车辆停稳前不得开车门和上下人员，开关车门不得妨碍其他车辆和行人通行；

（5）路边停车应当紧靠道路右侧，机动车驾驶人不得离车，上下人员或者装卸物品后，立即驶离。

10. 通过漫水桥（路）、渡口规定

机动车行经漫水路或者漫水桥时，应当停车察明水情，确认安全后，低速通过。

机动车行经渡口，应当服从渡口管理人员指挥，按照指定地点依次待渡。机动车上下渡船时，应当低速慢行。

11. 高速公路通行特别规定

最高车速不得超过120km/h，最低车速不得低于60km/h。在高速公路上行驶的小型载客汽车最高车速不得超过120km/h，其他机动车不得超过100km/h，摩托车不得超过80km/h。

同方向有2条车道的，左侧车道的最低车速为100km/h；同方向有3条以上车道的，最左侧车道的最低车速为110km/h，中间车道的最低车速为90km/h。道路限速标志标明的车速与上述车道行驶车速的规定不一致的，按照道路限速标志标明的车速行驶。

机动车从匝道驶入高速公路,应当开启左转向灯,在不妨碍已在高速公路内的机动车正常行驶的情况下驶入车道。

机动车在高速公路上行驶,车速超过100km/h时,应当与同车道前车保持100m以上的距离;车速低于100km/h时,与同车道前车距离可以适当缩短,但最小距离不得少于50m。

机动车在高速公路上行驶,遇有雾、雨、雪、沙尘、冰雹等低能见度气象条件时,应当遵守下列规定:

(1)能见度小于200m时,开启雾灯、近光灯、示廓灯和前后位灯,车速不得超过60km/h,与同车道前车保持100m以上的距离;

(2)能见度小于100m时,开启雾灯、近光灯、示廓灯、前后位灯和危险报警闪光灯,车速不得超过40km/h,与同车道前车保持50m以上的距离;

(3)能见度小于50m时,开启雾灯、近光灯、示廓灯、前后位灯和危险报警闪光灯,车速不得超过20km/h,并从最近的出口尽快驶离高速公路。

机动车在高速公路上行驶,不得有下列行为:

(1)倒车、逆行、穿越中央分隔带掉头或者在车道内停车;

(2)在匝道、加速车道或者减速车道上超车;

(3)骑、轧车行道分界线或者在路肩上行驶;

(4)非紧急情况时在应急车道行驶或者停车;

(5)试车或者学习驾驶机动车。

机动车驶离高速公路时,应当开启右转向灯,驶入减速车道,降低车速后进入匝道,驶出高速公路。

三、机动车登记、保险相关内容

国家对机动车实行登记制度、机动车第三者责任强制保险制度。机动车经公安机关交通管理部门登记后,方可上道路行驶。机动车的所有人或者管理人,应当依照《道路交通安全法》的规定投保机动车交通事故责任强制保险。

1. 机动车注册、变更、转移、抵押、注销登记

机动车的登记,分为注册登记、变更登记、转移登记、抵押登记和注销登记。

初次申领机动车号牌、行驶证的,机动车所有人应当向住所地的车辆管理所申请注册登记。机动车达到国家规定的强制报废标准的,车辆管理所不予办理注册登记。

已注册登记的机动车,改变车身颜色、更换发动机、更换车身或者车架的,应当向登记地车辆管理所申请变更登记。

已注册登记的机动车,机动车所有人住所在车辆管理所管辖区域内迁移或者机动车所有人姓名(单位名称)、联系方式变更的,应当向登记地车辆管理所备案。发动机号码、车辆识别代号因磨损、锈蚀、事故等原因辨认不清或者损坏的,可以向登记地车辆管理所申请备案。

机动车所有人申请转移登记前，应当将涉及该车的道路交通安全违法行为和交通事故处理完毕。机动车在抵押登记、质押备案期间的，车辆管理所不予办理转移登记。

2. 机动车登记证书、号牌、行驶证灭失、丢失或损毁

机动车号牌、行驶证灭失、丢失或者损毁的，机动车所有人应当向登记地车辆管理所申请补领、换领。

购买、调拨、赠予等方式获得机动车后尚未注册登记，需要临时上道路行驶的，机动车所有人应当向车辆管理所申领临时行驶车号牌。

3. 禁止上道路行驶行为及处罚

驾驶人驾驶证丢失、损毁、超过有效期、被依法扣留或暂扣时，不得驾驶机动车。驾驶人饮酒、服用国家管制的精神药品或者麻醉药品，或者患有妨碍安全驾驶机动车的疾病，或者过度疲劳影响安全驾驶的，不得驾驶机动车。

驾驶拼装的机动车或者已达到报废标准的机动车上道路行驶的，公安机关交通管理部门应当予以收缴，强制报废；对驾驶人处200元以上2000元以下罚款，并吊销机动车驾驶证。

驾驶机动车在道路上违反道路通行规定，必须接受相应的处罚。对违法驾驶造成重大交通事故构成犯罪的驾驶人，依法追究刑事责任。驾驶人造成事故后逃逸构成犯罪的，吊销驾驶证且终生不得重新取得驾驶证。

4. 机动车安全检验

机动车参加安全技术检验的主要目的是检查车辆各项性能，及时消除车辆安全隐患，减少事故发生。驾驶人在驾驶机动车上道路行驶前，应当对机动车的安全技术性能进行认真检查；不得驾驶安全设施不全或者机件不符合技术标准等具有安全隐患的机动车。机动车未按照规定期限进行安全技术检验的，由公安机关交通管理部门处警告或者200元以下罚款。

5. 机动车保险

国家实行机动车第三者责任强制保险制度，设立道路交通事故社会救助基金。根据《机动车交通事故责任强制保险条例》的规定，在中华人民共和国境内道路上行驶的机动车的所有人或者管理人，应当依照《道路交通安全法》的规定投保机动车交通事故责任强制保险。机动车交通事故责任强制保险，是指由保险公司对被保险机动车发生道路交通事故造成本车人员、被保险人以外的受害人的人身伤亡、财产损失，在责任限额内予以赔偿的强制性责任保险。

被保险人应当在被保险机动车上放置保险标志。保险标志样式全国统一。保险单、保险标志由国务院保险监督管理机构监制。任何单位或者个人不得伪造、变造或者使用伪造、变造的保险单、保险标志。

被保险机动车发生道路交通事故造成本车人员、被保险人以外的受害人人身伤亡、财产损失的，由保险公司依法在机动车交通事故责任强制保险责任限额范围内予以赔偿。若道路交通事故的损失是由受害人故意造成的，保险公司不予赔偿。

四、机动车驾驶证申领和使用规定相关内容

1. 机动车驾驶许可

驾驶机动车,应当依法取得机动车驾驶证,并随身携带,且按照驾驶证载明的准驾车型驾驶车辆。在道路上学习驾驶技能,应当使用教练车,由教练员随车指导。

2. 机动车驾驶证种类、准驾车型和有效期

机动车驾驶人准予驾驶的车型顺序依次为:大型客车、牵引车、城市公交车、中型客车、大型货车、小型汽车、小型自动挡汽车、低速载货汽车、三轮汽车、残疾人专用小型自动挡载客汽车、普通三轮摩托车、普通二轮摩托车、轻便摩托车、轮式自行机械车、无轨电车和有轨电车。机动车驾驶证的有效期分为 6 年、10 年和长期,初次申领的机动车驾驶证的有效期为 6 年。

初学准驾车型及代号

准驾车型	代号	准驾的车辆	准予驾驶的其他准驾车型
城市公交车	A3	核载 10 人以上的城市公共汽车	C1、C2、C3、C4
大型货车	B2	重型、中型载货汽车;重型、中型专项作业车	C1、C2、C3、C4、M
小型汽车	C1	小型、微型载客汽车以及轻型、微型载货汽车;轻型、微型专项作业车	C2、C3、C4
小型自动挡汽车	C2	小型、微型自动挡载客汽车以及轻型、微型自动挡载货汽车	
低速载货汽车	C3	低速载货汽车	C4
三轮汽车	C4	三轮汽车	
残疾人专用小型自动挡载客汽车	C5	残疾人专用小型、微型自动挡载客汽车(允许上肢、右下肢或者双下肢残疾人驾驶)	
普通三轮摩托车	D	发动机排量大于 50ml 或者最大设计车速大于 50km/h 的三轮摩托车	E、F
普通二轮摩托车	E	发动机排量大于 50ml 或者最大设计车速大于 50km/h 的二轮摩托车	F

3. 机动车驾驶证申请条件

申请小型汽车、小型自动挡汽车、残疾人专用小型自动挡载客汽车、轻便摩托车准驾车型的,年龄须在 18 周岁以上。申请大型货车的,年龄须在 20 周岁以上,63 周岁以下。申请低速载货汽车、三轮汽车或者轮式专用机械车准驾车型的,年龄须在 18 周岁以上,63 周岁以下。申请普通三轮摩托车、普通二轮摩托车准驾车型的,年龄须在 18 周岁以上,70 周岁以下。

初次申领机动车驾驶证的,可以申请准驾大型货车、小型汽车、小型自动挡汽车、低速载货汽车、三轮汽车、残疾人专用小型自动挡载客汽车、普通三轮摩托车、普通二轮摩托车等机动车驾驶证。

有下列情形之一的,不得申请机动车驾驶证:

(1)有器质性心脏病、癫痫病、美尼尔氏症、眩晕症、癔病、震颤麻痹、精神病、痴呆以及影响肢体活动的神经系统疾病等妨碍安全驾驶疾病的;

(2)3 年内有吸食、注射毒品行为或者解除强制隔离戒毒措施未满 3 年,以及长期

服用依赖性精神药品成瘾尚未戒除的；

（3）造成交通事故后逃逸构成犯罪的；

（4）饮酒后或者醉酒驾驶机动车发生重大交通事故构成犯罪的；

（5）醉酒驾驶机动车或者饮酒后驾驶营运机动车依法被吊销机动车驾驶证未满5年的；

（6）醉酒驾驶营运机动车依法被吊销机动车驾驶证未满10年的；

（7）驾驶机动车追逐竞驶、超员、超速、违反危险化学品安全管理规定运输危险化学品构成犯罪依法被吊销机动车驾驶证未满5年的；

（8）因本款第四项以外的其他违反交通管理法律法规的行为发生重大交通事故构成犯罪依法被吊销机动车驾驶证未满10年的；

（9）因其他情形依法被吊销机动车驾驶证未满2年的；

（10）驾驶许可依法被撤销未满3年的；

（11）未取得机动车驾驶证驾驶机动车，发生负同等以上责任交通事故造成人员重伤或者死亡未满10年的；

（12）3年内有代替他人参加机动车驾驶人考试行为的；

（13）法律、行政法规规定的其他情形。

4. 驾驶人考试内容和考试标准

小型汽车、低速载货汽车的科目二考试内容包括倒车入库、坡道定点停车和起步、侧方停车、曲线行驶以及直角转弯。小型自动挡汽车、残疾人专用小型自动挡载客汽车科目二考试内容包括倒车入库、侧方停车、曲线行驶及直角转弯。科目三考试分为道路驾驶技能考试和安全文明驾驶常识考试两部分。科目二考试满分为100分，成绩达到80分的为合格；科目三道路驾驶技能和安全文明驾驶常识考试满分分别为100分，成绩分别达到90分的为合格。

申请人的学习驾驶证明有效期为3年，在学习驾驶证明有效期内，科目二和科目三道路驾驶技能考试预约考试的次数不得超过5次。申请人因故不能按照预约时间参加考试的，应当提前1日申请取消预约。对于申请人未按照预约考试时间参加考试的，判定该次考试不合格。

申请人在考试过程中有贿赂、舞弊行为的，取消其考试资格，且已经通过考试的其他科目成绩无效。申请人以欺骗、贿赂等不正当手段取得机动车驾驶证的，公安机关交通管理部门收缴机动车驾驶证，撤销机动车驾驶许可，申请人在3年内不得再次申领机动车驾驶证。

5. 驾驶证实习期

机动车驾驶人初次申请机动车驾驶证和增加准驾车型后的12个月为实习期。在实习期内驾驶机动车，应当在车身后部粘贴或者悬挂统一式样的实习标志。驾驶人在实习期内驾驶机动车上高速公路行驶，应当由持相应或者更高准驾车型驾驶证3年以上的驾驶人陪同。机动车驾驶人在实习期内驾驶机动车不准牵引挂车。

6. 有效期满、转入、变更换证

机动车驾驶人在机动车驾驶证的 6 年有效期内，若每个记分周期均未记满 12 分，则换发 10 年有效期的机动车驾驶证。在机动车驾驶证的 10 年有效期内，每个记分周期均未记满 12 分的，换发长期有效的机动车驾驶证。

机动车驾驶人应当于机动车驾驶证有效期满前 90 日内，向机动车驾驶证核发地或者核发地以外的车辆管理所申请换证。有效期满换领驾驶证时，须提交县级以上医疗机构出具的身体条件证明。

机动车驾驶人户籍迁出原车辆管理所管辖区的，应当向迁入地车辆管理所申请换证。机动车驾驶人在核发地车辆管理所管辖区以外居住的，可以向居住地车辆管理所申请换证。机动车驾驶人自愿降低准驾车型的，应当到机动车驾驶证核发地或者核发地以外的车辆管理所换领准驾车型的机动车驾驶证。

在车辆管理所管辖区域内，机动车驾驶证记载的机动车驾驶人信息发生变化的，机动车驾驶人应当在 30 日内到机动车驾驶证核发地或者核发地以外的车辆管理所申请换证。

7. 驾驶证遗失补证

机动车驾驶证遗失的，机动车驾驶人应当向机动车驾驶证核发地或者核发地以外的车辆管理所申请补发。机动车驾驶人补领机动车驾驶证后，原机动车驾驶证作废，不得继续使用。机动车驾驶证被依法扣押、扣留或者暂扣期间，机动车驾驶人不得申请补发。

8. 驾驶证注销

机动车驾驶人被查获有吸食、注射毒品后驾驶机动车行为，正在执行社区戒毒、强制隔离戒毒、社区康复措施，或者长期服用依赖性精神药品成瘾尚未戒除的，车辆管理所应当注销其机动车驾驶证。

超过机动车驾驶证有效期 1 年以上未换证的，车辆管理所应当注销其机动车驾驶证。被注销机动车驾驶证未超过 2 年的，机动车驾驶人参加道路交通安全法律、法规和相关知识考试合格后，可以恢复驾驶资格。

年龄在 70 周岁以上，在一个记分周期结束后 1 年内未提交身体条件证明的，车辆管理所应当注销其机动车驾驶证。

机动车驾驶人在实习期内发生道路交通安全违法行为被记满 12 分的，注销其实习的

准驾车型驾驶资格。

9. 驾驶证审验

持有大型客车、重型牵引挂车、城市公交车、中型客车、大型货车驾驶证的驾驶人，应当在每个记分周期结束后30日内到公安机关交通管理部门接受审验。持有其他准驾车型驾驶证的驾驶人，发生交通事故造成人员死亡承担同等以上责任未被吊销机动车驾驶证的，应当在本记分周期结束后30日内到公安机关交通管理部门接受审验。机动车驾驶人可以在机动车驾驶证核发地或者核发地以外的地方参加审验、提交身体条件证明。

机动车驾驶证审验内容包括：

（1）道路交通安全违法行为、交通事故处理情况；

（2）身体条件情况；

（3）道路交通安全违法行为记分及记满12分后参加学习和考试情况。

机动车驾驶人因服兵役、出国（境）等原因，无法在规定时间内办理驾驶证期满换证、审验、提交身体条件证明的，可以向机动车驾驶证核发地车辆管理所申请延期办理，延期期限最长不超过3年。

年龄在70周岁以上的机动车驾驶人发生责任交通事故造成人员重伤或者死亡的，应当在本记分周期结束后30日内到公安机关交通管理部门接受审验。审验时还应当按照规定进行记忆力、判断力、反应力等能力测试。

10. 驾驶人体检

年龄在70周岁以上的机动车驾驶人，应当每年进行1次身体检查，在记分周期结束后30日内，提交县级或者部队团级以上医疗机构出具的有关身体条件的证明。

11. 法律责任

隐瞒有关情况或者提供虚假材料申领机动车驾驶证的，申请人在1年内不得再次申领机动车驾驶证。

申请人在考试过程中有贿赂、舞弊行为的，取消考试资格，已经通过考试的其他科目成绩无效；申请人在1年内不得再次申领机动车驾驶证。

申请人以欺骗、贿赂等不正当手段取得机动车驾驶证的，公安机关交通管理部门收缴机动车驾驶证，撤销机动车驾驶许可；申请人在3年内不得再次申领机动车驾驶证。

机动车驾驶人补领机动车驾驶证后，继续使用原机动车驾驶证的，由公安机关交通管理部门处20元以上200元以下罚款。

机动车驾驶人参加审验教育时在签注学习记录、学习过程中弄虚作假的，相应学习记录无效，重新参加审验学习，由公安机关交通管理部门处1000元以下罚款。

代替实际机动车驾驶人参加审验教育的，由公安机关交通管理部门处2000元以下罚款。

组织他人参加审验教育时在签注学习记录中弄虚作假的，有违法所得的，由公安机关交通管理部门处违法所得3倍以下罚款，但最高不超过2万元；没有违法所得的，由公安机关交通管理部门处2万元以下罚款。

第二章 理论知识教学

五、道路交通安全违法行为及处罚相关内容

1. 道路交通安全违法行为记分

公安机关交通管理部门对机动车驾驶人的道路交通安全违法行为除给予行政处罚外，还应实行道路交通安全违法行为累积记分制度。道路交通安全违法行为累积记分周期（即记分周期）为12个月，满分为12分，从机动车驾驶证初次领取之日起计算。

公安机关交通管理部门对累积记分达到规定分值的机动车驾驶人，对其进行道路交通安全法律、法规教育，重新考试。驾驶人记分达到12分的，拒不参加公安机关交通管理部门通知的学习，也不接受考试的，由公安机关交通管理部门公告其机动车驾驶证停止使用。根据交通违法行为的严重程度，1次记分的分值为12分、9分、6分、3分、1分。

道路交通安全违法行为记分分值（C1、C2、C3、C4、C5、C6车型）

记分分值	交通违法行为记分项目
一次记12分	（1）饮酒后驾驶机动车的； （2）造成致人轻伤以上或者死亡的交通事故后逃逸，尚不构成犯罪的； （3）使用伪造、变造的机动车号牌、行驶证、驾驶证、校车标牌或者使用其他机动车号牌、行驶证的； （4）载人超过核定人数100%以上的； （5）在高速公路、城市快速路上行驶超过规定时速50%以上的； （6）在高速公路、城市快速路上倒车、逆行、穿越中央分隔带掉头的； （7）代替实际机动车驾驶人接受交通违法行为处罚和记分牟取经济利益的
一次记9分	（1）在高速公路或者城市快速路上违法停车的； （2）驾驶未悬挂机动车号牌或者故意遮挡、污损机动车号牌的机动车上道路行驶的； （3）驾驶与准驾车型不符的机动车的
一次记6分	（1）载人超过核定人数50%以上未达到100%的； （2）在高速公路、城市快速路上行驶超过规定时速20%以上未达到50%，或者在高速公路、城市快速路以外的道路上行驶超过规定时速50%以上的； （3）载物超过最大允许总质量50%以上的； （4）不按交通信号灯指示通行的； （5）机动车驾驶证被暂扣或者扣留期间驾驶机动车的； （6）造成致人轻微伤或者财产损失的交通事故后逃逸，尚不构成犯罪的； （7）在高速公路或者城市快速路上违法占用应急车道行驶的
一次记3分	（1）载人超过核定人数20%以上未达到50%的； （2）在高速公路、城市快速路以外的道路上行驶超过规定时速20%以上未达到50%的； （3）在高速公路或者城市快速路上不按规定车道行驶的； （4）不按规定超车、让行，或者在高速公路、城市快速路以外的道路上逆行的； （5）遇前方机动车停车排队或者缓慢行驶时，借道超车或者占用对面车道、穿插等候车辆的； （6）驾驶机动车有拨打、接听手持电话等妨碍安全驾驶的行为的； （7）行经人行横道不按规定减速、停车、避让行人的； （8）不按规定避让校车的； （9）载物超过最大允许总质量30%以上未达到50%的，或者违反规定载客的； （10）驾驶不按规定安装机动车号牌的机动车上道路行驶的； （11）在道路上车辆发生故障、事故停车后，不按规定使用灯光或者设置警告标志的； （12）在高速公路上行驶低于规定最低时速的

续上表

记分分值	交通违法行为记分项目
一次记1分	（1）不按规定会车，或者在高速公路、城市快速路以外的道路上不按规定倒车、掉头的； （2）不按规定使用灯光的； （3）违反禁令标志、禁止标线指示的； （4）载货长度、宽度、高度超过规定的； （5）载物超过最大允许总质量未达到30%的； （6）驾驶未按规定定期进行安全技术检验的机动车上道路行驶的； （7）驾驶擅自改变已登记的结构、构造或者特征的载货汽车上道路行驶的； （8）在道路上行驶时，机动车驾驶人未按规定系安全带的

公安机关交通管理部门对机动车驾驶人的交通违法行为，在作出行政处罚决定的同时予以记分。机动车驾驶人有2起以上交通违法行为应当予以记分的，记分分值累积计算。机动车驾驶人可以一次性处理完毕同一辆机动车的多起交通违法行为记录，记分分值累积计算。

机动车驾驶人在一个记分周期期限届满，累积记分未满12分的，该记分周期内的记分予以清除；累积记分虽未满12分，但有罚款逾期未缴纳的，该记分周期内尚未缴纳罚款的交通违法行为记分分值转入下一个记分周期。

小型机动车驾驶人在一个记分周期内累积记分满12分的，应当参加为期7天的道路交通安全法律、法规和相关知识学习。在一个记分周期内参加满分教育的次数每增加一次或者累积记分每增加12分，道路交通安全法律、法规和相关知识的学习时间增加7天，每次满分学习的天数最多60天。

驾驶人可以在机动车驾驶证核发地或者交通违法行为发生地、处理地参加公安机关交通管理部门组织的道路交通安全法律、法规和相关知识学习，并在学习地参加考试。机动车驾驶人经满分学习、考试合格且罚款已缴纳的，记分予以清除，发还机动车驾驶证。

机动车驾驶人处理完交通违法行为记录后累积记分未满12分，参加公安机关交通管理部门组织的交通安全教育并达到规定要求的，可以申请在机动车驾驶人现有累积记分分值中扣减记分。在一个记分周期内累积最高扣减6分。

机动车驾驶人在一个记分周期内累积记分满12分，机动车驾驶证未被依法扣留或者收到满分教育通知书后30日内拒不参加公安机关交通管理部门通知的满分学习、考试的，由公安机关交通管理部门公告其机动车驾驶证停止使用。

机动车驾驶人请他人代为接受交通违法行为处罚和记分并支付经济利益的，由公安机关交通管理部门处所支付经济利益3倍以下罚款，但最高不超过5万元；同时，依法对原交通违法行为作出处罚。

2.道路交通安全违法行政强制措施

有下列情形之一的，公安机关交通管理部门依法扣留车辆：

（1）上道路行驶的机动车未悬挂机动车号牌，未放置检验合格标志、保险标志，或者未随车携带机动车行驶证、驾驶证的；

（2）有伪造、变造或者使用伪造、变造的机动车登记证书、号牌、行驶证、检验合格标志、保险标志、驾驶证或者使用其他车辆的机动车登记证书、号牌、行驶证、检验合格标志、保险标志嫌疑的；

（3）未按照国家规定投保机动车交通事故责任强制保险的。

对发生道路交通事故，因收集证据需要的，可以依法扣留事故车辆。

有下列情形之一的，公安机关交通管理部门依法扣留机动车驾驶证：

（1）饮酒后驾驶机动车的；

（2）将机动车交由未取得机动车驾驶证或者机动车驾驶证被吊销、暂扣的人驾驶的；

（3）机动车行驶超过规定时速50%的；

（4）驾驶有拼装或者达到报废标准嫌疑的机动车上道路行驶的；

（5）在一个记分周期内累积记分达到12分的。

3. 道路交通安全违法行为行政处罚

驾驶机动车任何违反道路交通安全法的行为，都属于违法行为。机动车驾驶人违反道路交通安全法律、法规相关规定的，处警告或者20元以上200元以下罚款。

违反道路交通安全法律、法规的规定，发生重大交通事故，构成犯罪的，依法追究刑事责任。造成交通事故后逃逸的，由公安机关交通管理部门吊销机动车驾驶证，且终生不得重新取得机动车驾驶证。

饮酒后驾驶机动车的，处暂扣6个月机动车驾驶证，并处1000元以上2000元以下罚款。因饮酒后驾驶机动车被处罚，再次饮酒后驾驶机动车的，处10日以下拘留，并处1000元以上2000元以下罚款，吊销机动车驾驶证。饮酒后或者醉酒驾驶机动车发生重大交通事故，终生不得重新取得机动车驾驶证。

相关知识

我国司法实践中以血液中酒精含量80mg/100ml作为饮酒与醉酒的分界线。每100ml血液中，酒精含量达到20~79mg，属于酒后开车；酒精含量达到80mg以上，属于醉酒驾车。

在道路上行驶的机动车未随车携带行驶证、驾驶证的，公安机关交通管理部门应当扣留机动车，并处警告或者20元以上200元以下罚款。故意遮挡、污损或者不按规定安装机动车号牌的，处警告或者20元以上200元以下罚款。

伪造、变造或者使用伪造、变造的机动车驾驶证的，由公安机关交通管理部门予以收缴，依法拘留，扣留该机动车，并处200元以上2000元以下罚款；构成犯罪的，依法追究刑事责任。

有下列行为之一的，由公安交通管理部门处200元以上2000元以下罚款：

（1）未取得机动车驾驶证驾驶机动车的；

（2）将机动车交由未取得机动车驾驶证的人驾驶的；

（3）造成交通事故后逃逸，尚不构成犯罪的；

（4）机动车行驶超过规定时速50%的。

驾驶拼装的机动车或者已达到报废标准的机动车上道路行驶的，公安机关交通管理部门应当予以收缴，强制报废。对驾驶人处200元以上2000元以下罚款，并吊销机动车驾驶证。

4. 道路交通安全违法刑事处罚

违反交通运输管理法规，因而发生重大事故，致人重伤、死亡或者使公私财产遭受重大损失的，处3年以下有期徒刑或者拘役；交通运输肇事后逃逸或者有其他特别恶劣情节的，处3年以上7年以下有期徒刑；因逃逸致人死亡的，处7年以上有期徒刑。

在道路上驾驶机动车追逐竞驶，情节恶劣的，或者在道路上醉酒驾驶机动车的，处拘役，并处罚金。同时构成其他犯罪的，依照处罚较重的规定定罪处罚。

六、道路交通事故处理相关内容

在道路上发生交通事故，驾驶人做好事故现场保护和临时处理，并按照有关规定积极配合进行处理工作。

1. 道路交通事故现场处理

在道路上发生交通事故，车辆驾驶人应当立即停车，保护现场。造成人身伤亡的，车辆驾驶人应当立即抢救受伤人员，并迅速报告执勤的交通警察或者公安机关交通管理部门。因抢救受伤人员变动现场的，应当标明位置。

在道路上发生未造成人身伤亡的交通事故，当事人对交通事故事实及成因有争议的，应当迅速报警。发生交通事故，造成道路、供电、通信等设施损毁的，驾驶人应当报警等候处理，不得驶离。发生死亡事故、伤人事故的，或者发生财产损失事故且有下列情形之一的，当事人应当保护现场并立即报警：

（1）驾驶人有饮酒、服用国家管制的精神药品或者麻醉药品嫌疑的；

（2）机动车无号牌或者使用伪造、变造的号牌的；

（3）当事人不能自行移动车辆的。

公安机关及其交通管理部门接到报警的，应当受理、制作受案登记表并记录下列内容：

（1）报警方式、时间，报警人姓名、联系方式，电话报警的，还应当记录报警电话；

（2）发生或者发现道路交通事故的时间、地点；

（3）人员伤亡情况；

（4）车辆类型、车辆号牌号码，是否载有危险物品以及危险物品的种类、是否发生泄漏等；

（5）涉嫌交通肇事逃逸的，还应当询问并记录肇事车辆的车型、颜色、特征及其逃逸方向、逃逸驾驶人的体貌特征等有关情况。

2. 自行协商事故处理

在道路上发生交通事故，仅造成轻微财产损失，并且基本事实清楚的，当事人应当先撤离现场再进行协商处理。

在道路上发生交通事故，未造成人身伤亡，当事人对事实及成因无争议的，可以即行撤离现场，恢复交通，自行协商处理损害赔偿事宜。

机动车与机动车发生财产损失事故，当事人应当在确保安全的原则下，采取现场拍照或者标划事故车辆现场位置等方式固定证据后，立即撤离现场，将车辆移至不妨碍交通的地点，再协商处理损害赔偿事宜。

3. 事故现场的强制撤离

在道路上发生交通事故后，对应当自行撤离现场而未撤离的，交通警察应当责令当事人撤离现场；造成交通堵塞的，对驾驶人处以 200 元罚款。车辆发生轻微剐蹭事故，双方驾驶人争执不下，坚持在原地等待警察来处理，造成路面堵塞，驾驶人的行为会受到罚款处罚。

4. 道路交通事故认定

机动车之间发生交通事故的，由有过错的一方承担赔偿责任。机动车与非机动车驾驶人、行人之间发生交通事故，机动车一方没有过错的，承担不超过 10% 的赔偿责任。交通事故的损失是由非机动车驾驶人、行人故意碰撞机动车造成的，机动车一方不承担赔偿责任。当事人故意破坏、伪造现场、毁灭证据的，承担全部责任。

第三节　道路交通信号教学

我国实行统一的道路交通信号。交通信号用于科学分配道路上车辆、行人的通行权，使之有秩序地顺利通行。道路交通信号分为交通信号灯、交通标志、交通标线和交通警察的指挥（手势信号）。道路交通信号教学的目的，是让学员理解和掌握交通信号的种类、含义及其作用，养成严格遵守交通信号、按照交通信号指示通行的习惯。

一、道路交通信号灯的作用

交通信号灯按功能分为机动车信号灯、人行横道信号灯、车道信号灯、方向指示信号灯、掉头信号灯、闪光警告信号灯、道路与铁路平面交叉道口信号灯等。交通信号灯有红、黄、绿三种颜色，红灯亮表示禁止通行，绿灯亮表示准许通行，黄灯亮表示警示。

1. 机动车信号灯

绿灯亮时，准许车辆通行，车辆直行、向左转弯、向右转弯通行，要在确保安全的前提下，尽快通行，但转弯的车辆不得妨碍被放行的直行车辆、行人通行。

黄灯亮时，前方路口或道路是危险路段，需要暂时清空，已越过停止线的车辆可以继续通行。没有越过停止线的车辆不得进入路口，不能加速通过交叉路口，要在停止线以外停车等待。黄灯持续闪烁为警告信号灯，提示车辆、行人通行时注意瞭望，确认安全后通过。

红灯亮时，禁止车辆通行。所有车辆要停在路口停止线以外等待放行信号。右转弯的车辆在不妨碍被放行的车辆、行人通行的情况下，可以通行。

2. 车道信号灯

绿色箭头灯亮时，准许本车道车辆按指示方向通行。红色叉形灯或者箭头灯亮时，禁止本车道车辆通行。方向指示信号灯的箭头方向向左、向上、向右分别表示左转、直行、右转。

3. 道路与铁路平面交叉道口信号灯

道路与铁路平面交叉道口有两个红灯交替闪烁或者一个红灯亮时，表示禁止车辆、行人通行；红灯熄灭时，表示允许车辆、行人通行。

二、道路交通标志的作用

交通标志分为警告标志、禁令标志、指示标志、指路标志、旅游区标志、告示标志、辅助标志。

1. 警告标志

表示警告（提醒、告示）机动车驾驶人前方存在危险，谨慎通过。其颜色除个别标志外为黄底、黑边、黑图案，形状分为长方形、正方形、叉形、顶角向上的等边三角形。

续上表

图示					
含义	Y形路口		交叉路口		N形弯路
图示					
含义	连续弯路	上陡坡	下陡坡	连续下坡	两侧变窄
图示					
含义	右侧变窄	左侧变窄	窄桥	双向交通	注意行人
图示					
含义	注意儿童	注意残疾人	注意非机动车	注意信号灯	注意牲畜
图示					
含义	注意野生动物	村庄或集镇	注意落石	傍山险路	易滑路段
图示					
含义	堤坝路	过水路面	注意横风	驼峰桥	路面不平
图示					
含义	减速丘	施工路段	隧道	注意危险	事故易发路段

续上表

图示					
含义	注意潮汐车道	注意保持车距	左右绕行	左侧绕行	右侧绕行
图示					
含义	注意合流	交通事故管理	注意车道变少	线形诱导标	避险车道
图示					
含义	建议速度	多股铁路与道路相交	有人看守铁路道口	无人看守铁路道口	距无人看守铁路道口 50m
图示					
含义	距无人看守铁路道口 100m	距无人看守铁路道口 150m			

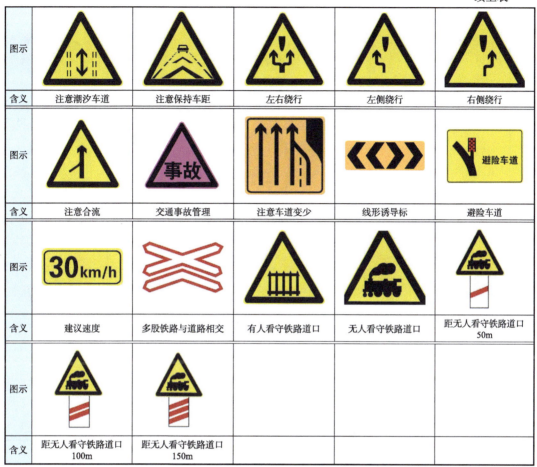

2. 禁令标志

表示禁止、限制及相应解除的含义，车辆、行人要严格遵守。其颜色除个别标志外为白底、红圈、黑图案、图案压杠，形状分为长方形、圆形、八角形、顶角向下的等边三角形。

图示					
含义	停车让行	减速让行	会车让行	禁止通行	禁止驶入
图示					
含义	禁止小客车驶入	禁止机动车驶入	禁止停放车辆	禁止长时停车	禁止直行

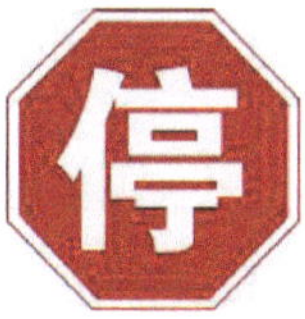

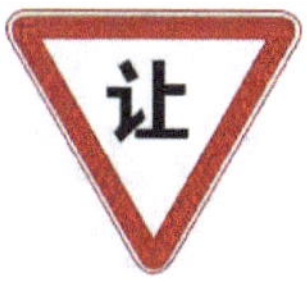

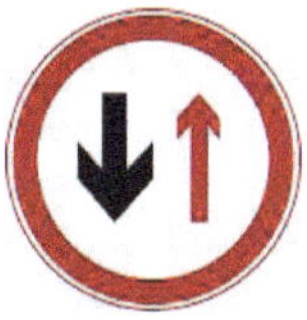

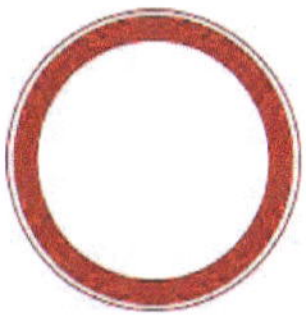

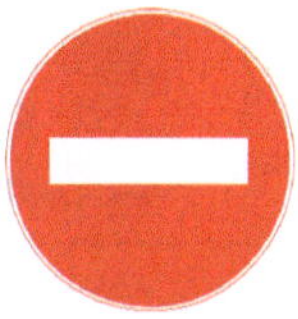

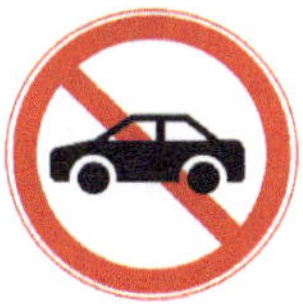

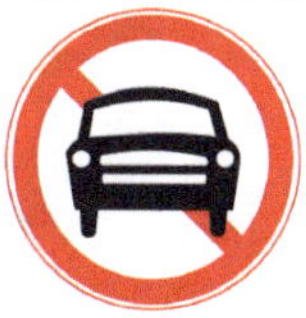

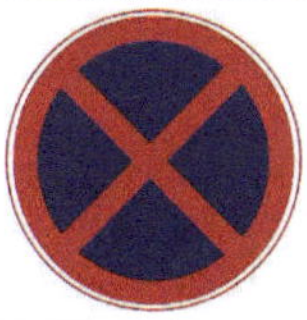

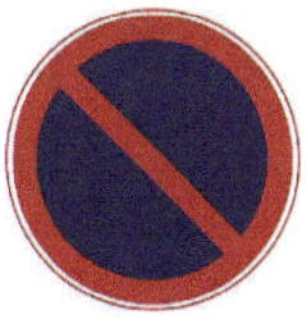

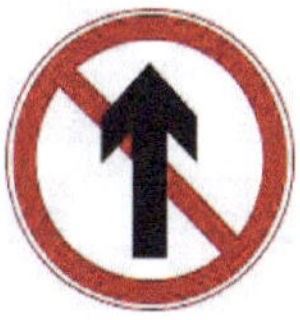

续上表

图示					
含义	禁止向左转弯	禁止向右转弯	禁止直行和向左转弯	禁止直行和向右转弯	禁止向左和向右转弯
图示					
含义	禁止掉头	禁止超车	解除禁止超车	速度限制	解除速度限制
图示					
含义	禁止鸣喇叭	限制宽度	限制高度	停车检查	海关

3. 指示标志

表示指示车辆、行人行进的含义，车辆、行人要遵守。其颜色为蓝底、白图案，形状分为圆形、长方形和正方形。

图示					
含义	直行	向左转弯	向右转弯	直行和向右转弯	直行和向左转弯
图示					
含义	直行车道	左转车道	右转车道	直行和右转合用车道	直行和左转合用车道
图示					
含义	直行单行路	向左单行路	向右单行路	电动自行车	有轨电车专用车道

续上表

图示					
含义	向左和向右转弯	靠右侧道路行驶	靠左侧道路行驶	环岛行驶	鸣喇叭
图示					
含义	机动车行驶	机动车车道	多乘员车辆专用车道	步行	人行横道
图示					
含义	掉头	掉头车道	掉头和左转合用车道	会车先行	最低速度
图示					
含义	分向行驶车道	公交线路专用车道	BRT 车辆专用车道	小型客车车道	非机动车行驶
图示					
含义	硬路肩允许行驶	硬路肩允许行驶路段即将结束	硬路肩允许行驶路段结束	开车灯	靠右侧车道行驶

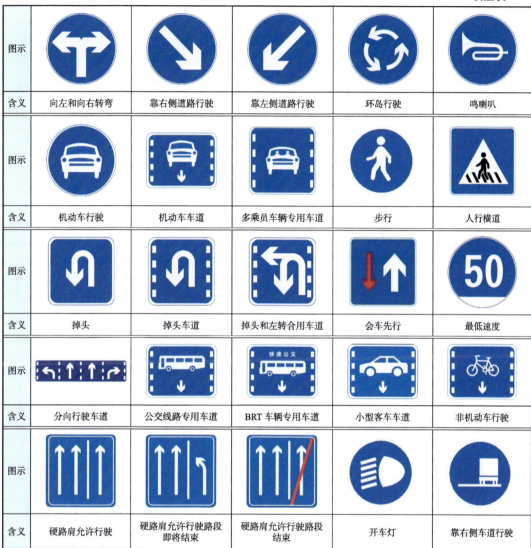

4. 指路标志

表示道路信息的指引，为机动车驾驶人传递（提供）道路方向、地点和距离信息。其颜色一般道路为蓝底、白色图案，高速公路为绿底、白色图案，形状为长方形。

一般道路指路标志					
图示					
含义	十字交叉路口告知	丁字交叉路口告知	环形交叉路口告知	地点距离告知	向右绕行

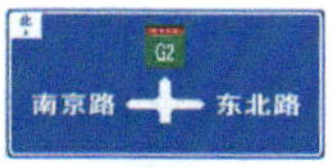

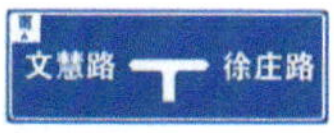

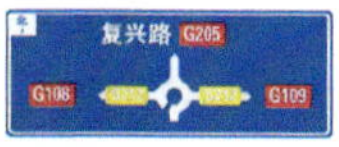

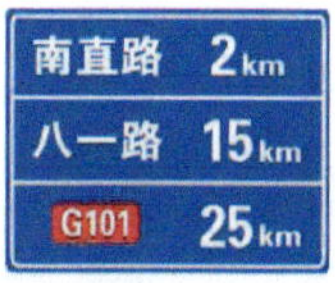

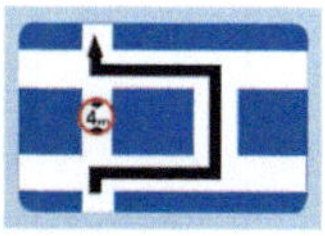

续上表

图示	错车道	此路不通	测速	加油站	电动汽车充电站
含义	错车道	此路不通	测速	加油站	电动汽车充电站
图示					
含义	港湾式紧急停车带	露天停车场告知	室内停车场	应急避难场所	观景台
图示					
含义	服务站	停车点	国道编号	省道编号	县道编号告知
图示	Y002				
含义	乡道编号告知				
高速公路指路标志					
图示					
含义	入口预告	地点、方向预告	命名编号	下一出口预告	右侧出口预告
图示					
含义	左侧出口预告	交通广播频率	紧急电话	救援电话	ETC 车道
图示					
含义	ETC 收费站	起点预告	停车领卡	终点预告	

续上表

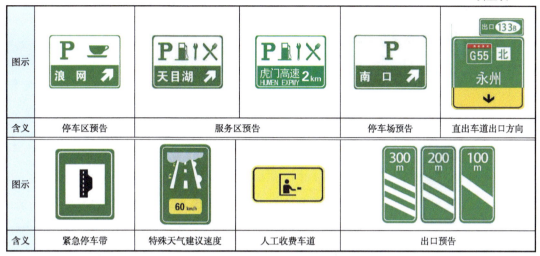

5. 旅游区标志

提供旅游项目类别、具有代表性的符号及前往各旅游景点的指引。其颜色为棕色底、白色字符图案，形状为长方形和正方形。

6. 告示标志

解释、引导道路设施或者告示有关道路法律法规的内容。其颜色为白底、黑色字符、黑边框。

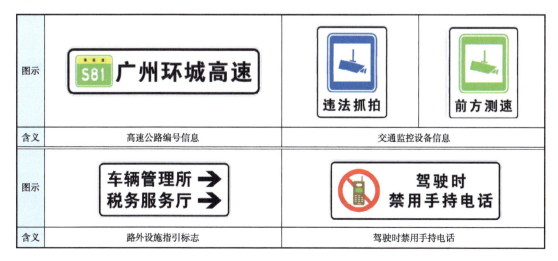

续上表

图示	禁扔弃物	严禁空挡下坡
含义	禁扔弃物	严禁空挡下坡
图示	系安全带 / 交替通行	前方车道控制 车道开放 车道关闭 向右换道
含义	系安全带　　交替通行	前方车道控制

7. 辅助标志

附设在主标志下辅助说明。表示时间、车辆种类、方向、区域或距离，表示设置禁令、指示、警告标志的理由。其颜色为白底、黑色字符、黑边框。

图示	6:00-20:00	7:00-9:00 17:00-19:00
含义	时间范围	
图示	公交车除外	机动车	货车
含义	公交车除外	机动车	货车
图示  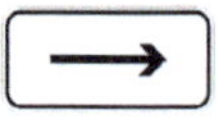 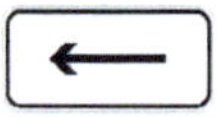    	↑ → ← ↖ ↗ ↱ ↰		
含义	行驶方向		
图示	200m↑	←100m	←→	50m|50m
含义	向前 200m	向左 100m	向左、向右	
图示	100m→	二环路区域内	200m	长度300m
含义	向右 100m	某区域内	距离某地 200m	长度
图示	学校	海关	事故	塌方
含义	设置禁令、指示、警告标志的理由			

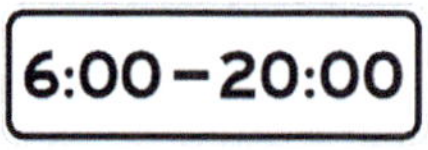

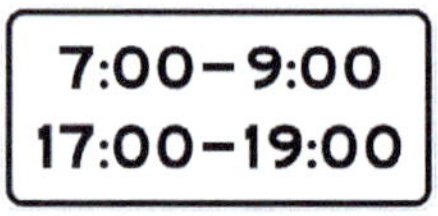

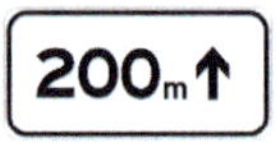

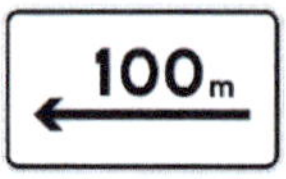

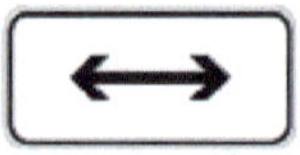

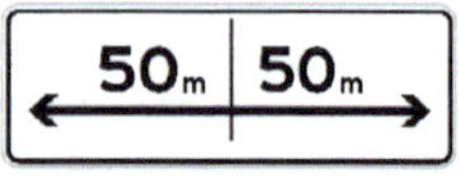

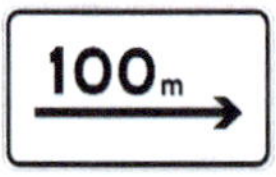

三、道路交通标线的作用

道路交通标线分为指示标线、禁止标线、警告标线。

1. 指示标线

指示车行道、车行方向、路面边缘、人行横道、停车位、停靠站及减速丘等。

图示	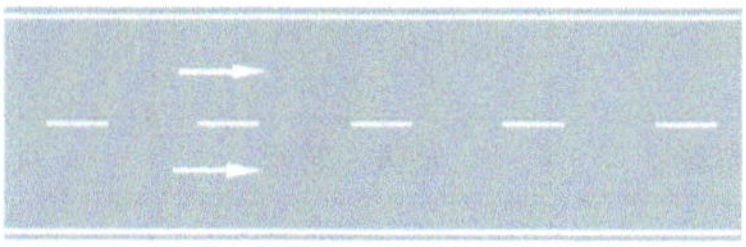	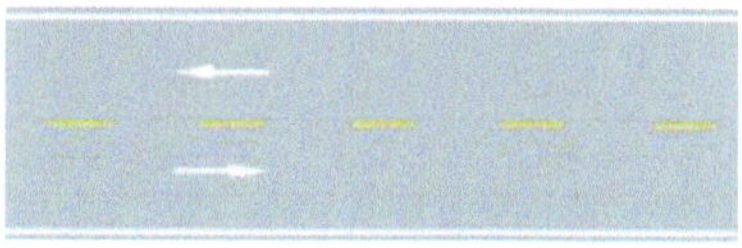
含义	可跨越同向车道中心线	分隔对向行驶的交通流
图示	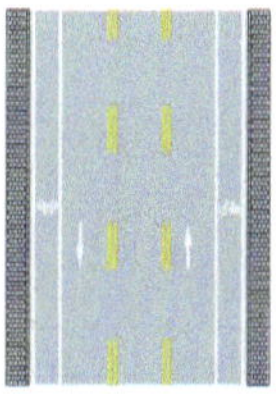	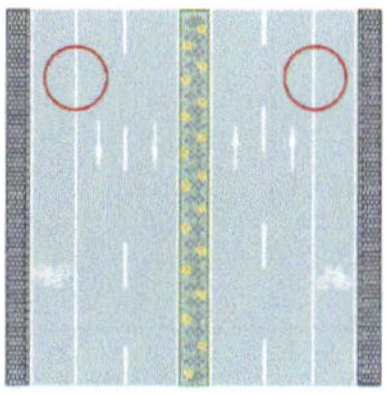	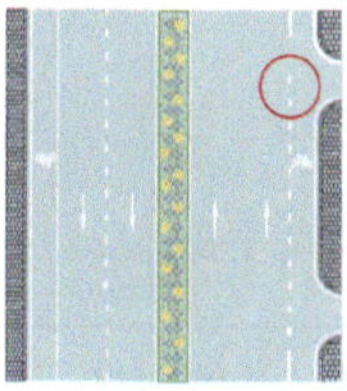
含义	潮汐车道线	车行道边缘线	车行道边缘线
图示 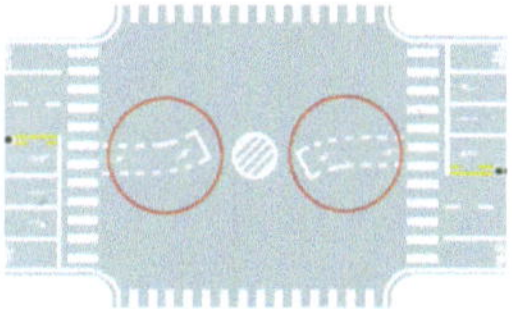 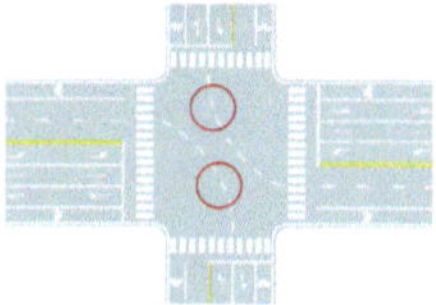 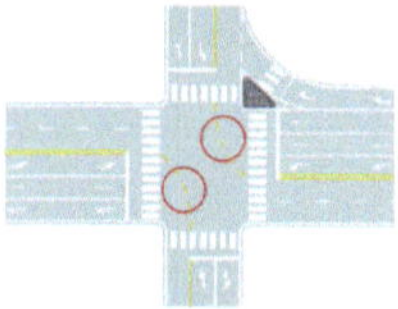		
含义	左弯待转区线	路口导向线
图示	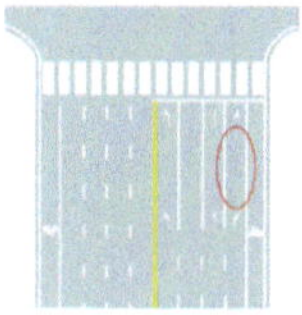	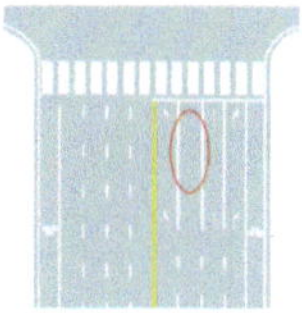	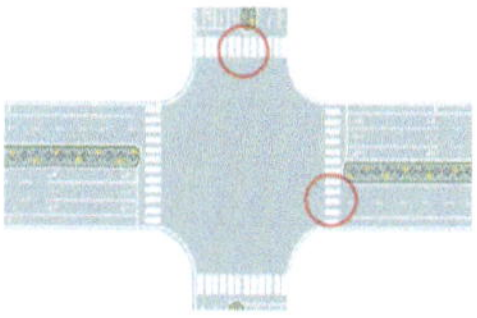	
含义	导向车道线	可变导向车道线	人行横道线	人行横道预告
图示	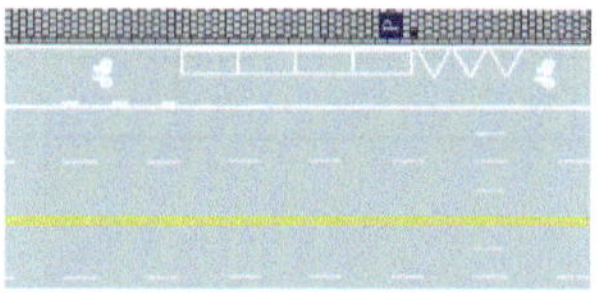	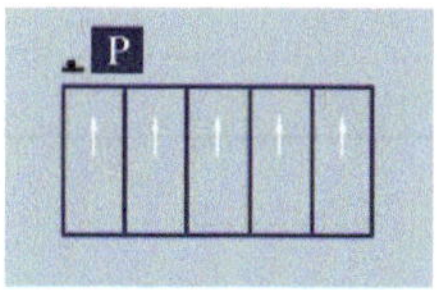	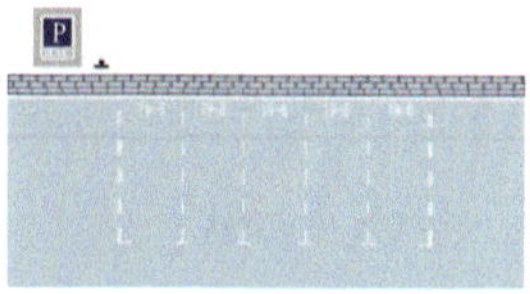
含义	平行式停车位	固定停车方向停车位	限时停车位
图示	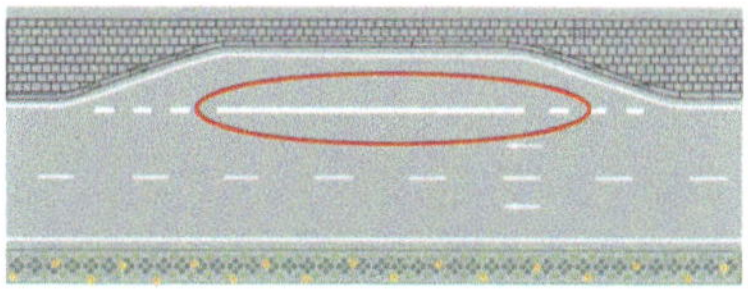	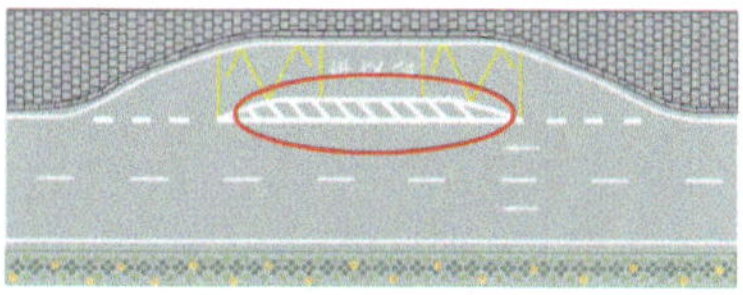
含义	港湾式停靠站	公交车停靠站

续上表

图示	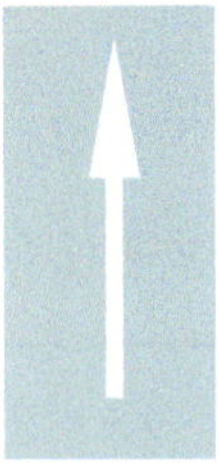				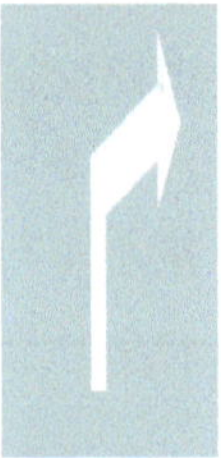
含义	直行	直行或左转弯	直行或右转弯	前方左转弯	前方右转弯
图示		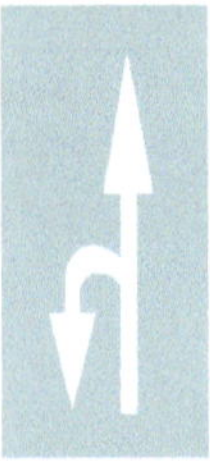		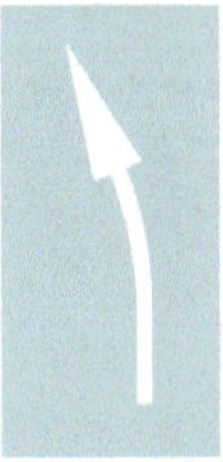	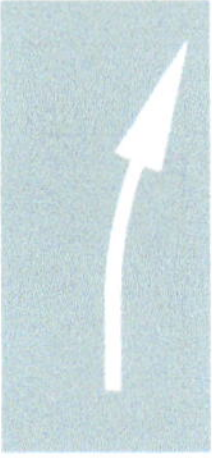
含义	前方掉头	前方可直行或掉头	前方可左转或掉头	前方有左弯或需向左合流	前方有右弯或需向右合流
图示					
含义	前方道路仅可左右转弯	路面最高限速标记	路面最低限速标记	速度限制标记	非机动车道
图示						
含义	道路入口标线	道路出口标线				

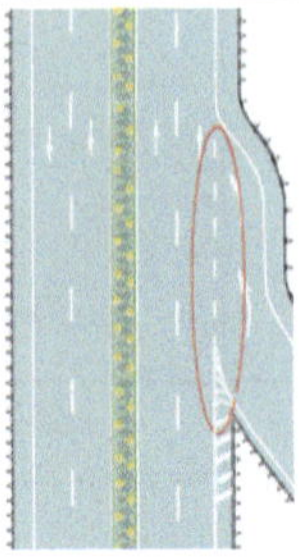

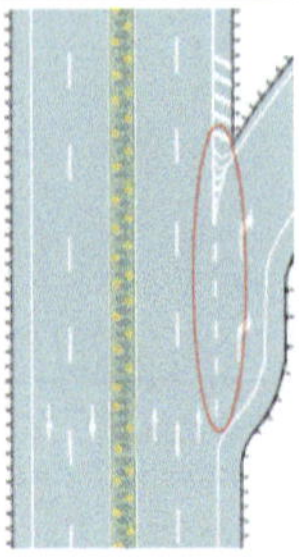

2. 禁止标线

告示道路交通的通行、禁止、限制等特殊规定。

图示	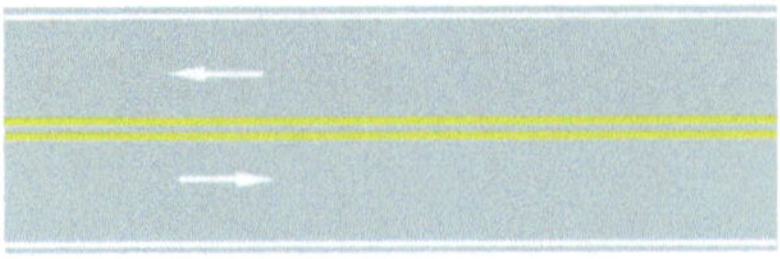	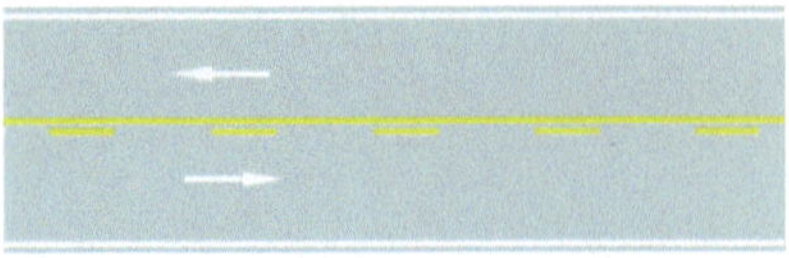
含义	（双向）禁止跨越对向行车道分界线	（实线一侧）禁止跨越对向行车道分界线

续上表

图示	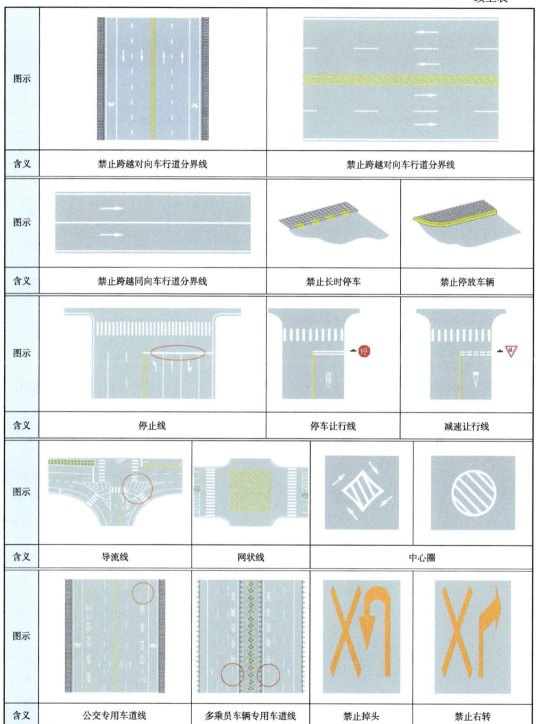			
含义	禁止跨越对向车行道分界线		禁止跨越对向车行道分界线	
含义	禁止跨越同向车行道分界线		禁止长时停车	禁止停放车辆
含义	停止线		停车让行线	减速让行线
含义	导流线		网状线	中心圈
含义	公交专用车道线	多乘员车辆专用车道线	禁止掉头	禁止右转

3. 警告标线

促使车辆驾驶人了解道路上的特殊情况，提高警觉准备应变防范措施。

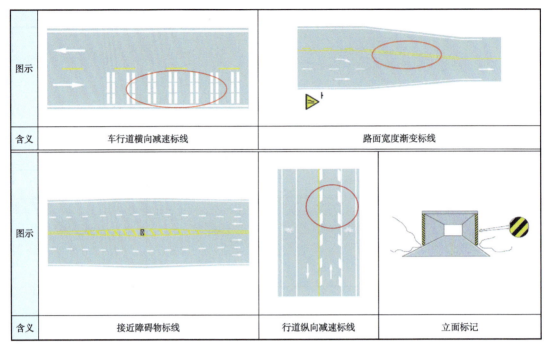

图示	车行道横向减速标线	路面宽度渐变标线
含义		
图示	接近障碍物标线	行道纵向减速标线 / 立面标记
含义		

四、交通警察手势信号的作用

交通警察手势信号有停止信号、直行信号、左转弯信号、左转弯待转信号、右转弯信号、变道信号、减速慢行信号、示意车辆靠边停车信号共 8 种。

1. 停止信号

交通警察左臂向前上方直伸，掌心向前，不准前方车辆通行。

2. 直行信号

交通警察左臂向左平伸，掌心向前；右臂向右平伸，掌心向前，向左摆动，准许右方直行的车辆通行。

3. 左转弯信号

交通警察右臂向前平伸,掌心向前;左臂与手掌平直向右前方摆动,掌心向右,准许车辆左转弯,在不妨碍被放行车辆通行的情况下可以掉头。

4. 左转弯待转信号

交通警察左臂向左下方平伸,掌心向下;左臂与手掌平直向下方摆动,准许左方左转弯的车辆进入路口,沿左转弯行驶方向靠近路口中心,等候左转信号。

5. 右转弯信号

交通警察左臂向前平伸，掌心向前；右臂与手掌平直向左前方摆动，手掌向左，准许右方的车辆右转弯。

6. 变道信号

交通警察右臂向前平伸，掌心向左；右臂向左水平摆动，车辆应当腾空指定的车道，减速慢行。

7. 减速慢行信号

交通警察右臂向右前方平伸，掌心向下；右臂与手掌平直向下方摆动，车辆应当减速慢行。

8. 示意车辆靠边停车信号

交通警察右臂向前下方平伸，掌心向左；左臂向前上方平伸，掌心向前；右臂向左水平摆动，车辆应当靠边停车。

在夜间没有路灯、照明不良或者遇雨、雪、雾、沙尘、冰雹等低能见度天气条件下，执勤交通警察用右手持指挥棒，按照手势信号指挥通行。

第四节　机动车基础知识教学

机动车是指以动力装置驱动或者牵引，在道路上行驶的供人员乘用或者用于运送物品以及进行工程专项作业的轮式车辆。其类别分为汽车（燃油汽车、电动汽车、智能汽车）、有轨电车、摩托车、轮式专用机械车等。汽车的基本结构知识是教练员必须掌握的专业知识之一，也是完成驾驶培训教学任务的基本功。

一、车辆结构基本知识

汽车是指由自身装备的动力装置驱动，通常具有4个或4个以上车轮，不依靠轨道或架线而在陆地上行驶的车辆。汽车主要由动力源（发动机、电机、电池组）、底盘、车身以及电气设备4个部分组成。

1. 动力系统

燃油发动机是汽车的动力装置，其作用在于将燃料燃烧产生的热能转化为机械能，从而为驱动汽车行驶提供动力。发动机由曲柄连杆机构、配气机构和燃料供给系、冷却系、润滑系、点火系（汽油机）、起动系等组成。发动机的工作循环由进气、压缩、做功、排气这4个过程组成。四冲程发动机曲轴旋转两周、活塞往复4个冲程完成一个工作循环。

动力电池、电机是纯电动汽车动力源，一般采用高效率充电蓄电池为动力源，电动机相当于传统汽车的发动机，蓄电池相当于原来的油箱，电能是二次能源，可来源于核能、风能、水能、热能、太阳能等多种方式。驱动能量完全由电能提供、由电机驱动。

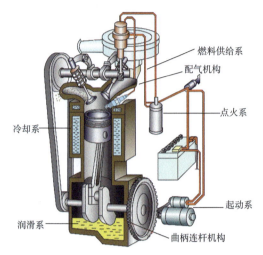

2. 汽车底盘

底盘是汽车构成的基础，起到支撑、安装发动机及其各部件总成的作用，在接受发动机输出的动力后能够保证汽车的正常行驶。底盘主要由传动系（离合器、变速器、万向节、传动轴、差速器等）、行驶系（车架、车桥、悬架、车轮）、转向系（转向操纵机构、转向器、转向传动机构）、制动系（供能装置、控制装置、传动装置、制动器）等组成。

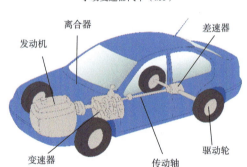

3. 汽车车身

汽车车身用于承载人员和货物。车身的式样决定汽车的用途。轿车、客车的车身一般是整体结构，货车的车身一般由驾驶室和货箱两部分组成。

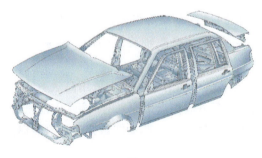

4. 电气设备

汽车电气设备是指汽车上的用电设备和供给用电设备的电源，主要由电源组（蓄电池、发电机）和用电设备（起动系统、电子点火系统、照明与信号系统、汽车仪表与显示系统、汽车辅助电器设备等）两大部分组成。

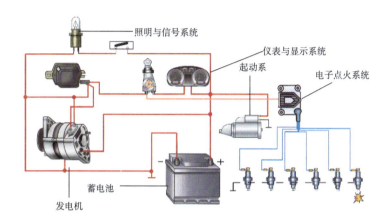

二、机动车行驶基本知识

机动车动力系统所产生的动力，经由底盘传动系统传递至驱动轮。当汽车的牵引力等于或大于各种行驶阻力的总和，且地面具有足够的附着力时，车轮便开始滚动，汽车也随之开始行驶。

1. 汽车驱动形式

汽车动力系统产生的动力，通过离合器、变速器、万向传动驱动、驱动轴、差速器传给驱动车轮，驱使汽车行驶。根据发动机和驱动车轮的位置，汽车可分为发动机前置后轮驱动（Front—engine，Rear—drive，FR）、发动机后置后轮驱动（RR）、发动机前置前轮驱动（FF）、发动机前置四轮驱动（4WD）。

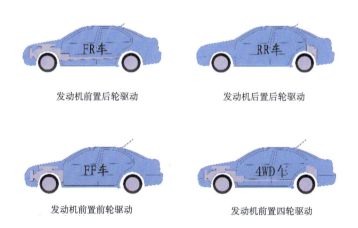

2. 汽车行驶条件

汽车动力系统所产生的动力经传动系传给驱动车轮，当车轮与地面接触时，地面给车轮一个反作用力，这个作用力称为牵引力。当牵引力足以克服汽车的行驶阻力，以及地面有足够的附着力时，汽车便开始行驶。行驶阻力包括滚动阻力、空气阻力、坡度阻力和加速阻力。

三、安全装置基本知识

汽车安全装置主要分为主动安全装置和被动安全装置。主动安全性的好坏影响汽车事故发生概率的大小，而被动安全性的好坏影响事故发生后车内人员的受伤严重程度。

1. 主动安全装置

指为了防止汽车发生事故，避免人员受到伤害而采取的技术安全设计，其目的是"防止事故发生"。

（1）防抱死制动系统（ABS）。ABS 能够保证汽车在任何路面上进行紧急制动时，防止车轮抱死，在提供最大制动力的同时能使车前轮保持转向能力，消除制动过程中的跑偏、侧滑等非稳定状态，从而获得良好的制动效果。紧急制动时，通过传感器侦测各车轮的转速，由计算机算出当时的车轮滑移率，由此判断车轮是否已抱死，再命令执行机构调整制动压力，使车轮处于理想的运动状态。汽车紧急制动时，防抱死制动系统不能缩短制动距离。紧急制动时，可用力踏制动踏板，但在紧急制动的同时转向，车轮可能侧滑。另外，在冰雪路面上紧急制动时，ABS 无法有效缩短制动距离。

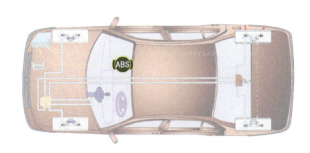

（2）电子制动力分配系统（EBD）。EBD一般配合防抱死制动系统使用，其功能是在汽车制动的瞬间，高速计算出四个轮胎由于附着不同而产生的摩擦力数值，然后调整制动装置，使其按照设定的程序在运动中高速调整，实现制动力与摩擦力（驱动力）的匹配，以确保车辆的平稳和安全。

全力制动过程的表现

（3）电子稳定程序系统（ESP）。ESP是对防抱死制动系统及驱动防滑系统（ASR）的一种补充，它通过调节车轮的制动力和发动机的输出功率，防止车辆在紧急情况下或转弯时出现过度转向或转向不足，使车辆不偏离合适的行驶路线，保持在原来的车道内行驶；当车辆左转弯转向不足，车辆将向车道外偏移时，电子稳定程序系统通过调节左后轮的制动力，使车辆保持原来的行驶路线；当车辆左转弯过度转向，车尾将甩出车道时，电子稳定程序系统通过调节右前轮的制动力，以避免发生侧滑的危险。

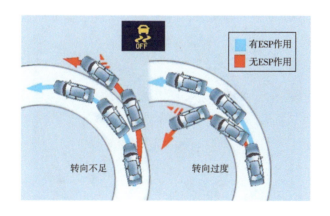

（4）轮胎气压自动检测系统（TPMS）。TPMS是在汽车行驶过程中对轮胎气压进行实时自动监测，并对轮胎漏气和低气压进行报警。一般分为直接式和间接式两种。直接式是在轮胎里面加装四个胎压监测传感器，在汽车静止或者行驶过程中，对轮胎气压和温度进行实时自动监测，并对轮胎高压、低压、高温进行及时报警。间接式则是通过轮胎的转速差来判断轮胎是否异常，从而达到监测胎压的目的。当轮胎压力降低时，车辆的重量会使轮胎直径变小，进而导致车速发生变化，这种变化会触发警报系统向驾驶人发出警告。

2. 被动安全装置

被动安全装置是为了减轻或避免汽车交通事故发生后对人员及车辆伤害程度的各种技术措施的统称，其目的在于"减轻事故后果"。

（1）安全带。在汽车发生碰撞或紧急制动时，安全带能够固定驾乘人员位置，对驾乘人员进行约束，避免驾乘人员与转向盘及仪表板等发生二次碰撞，或者在碰撞时冲出车外导致伤亡，是最有效的安全防护装置。当汽车发生碰撞或紧急制动时，安全带预紧装置就会瞬间收束，绷紧佩戴时松弛的安全带，将驾乘人员牢牢固定在座椅上。当安全带的收束力度超过一定限度时，限力装置就会适当放松安全带，保持胸部受力稳定，起到缓冲作用，从而减轻对人体的伤害程度。

（2）安全气囊。安全气囊是一种辅助驾乘人员的保护装置。在汽车受到意外正面碰撞时，与安全带配合使用，对驾乘人员起到保护作用。当汽车以 30km/h 以上的速度正面撞击物体，或者在车辆前方左右两侧 30° 以内的方向受到撞击时，安全气囊会瞬间充气、膨出，防止驾乘人员的头部和胸部撞击到转向盘或仪表板等硬物上，从而避免和减轻人员的伤亡。系好安全带是安全气囊发挥保护作用的一个重要前提条件，只有两者相互配合，才能充分发挥对驾乘人员的辅助保护作用。否则，安全气囊瞬间打开时强大的撞击力，会对人的头部和颈部等较脆弱的部位造成严重的伤害，尤其对于儿童，这种伤害可能是致命的。

（3）座椅安全头枕。安全头枕主要作用是在汽车被追尾时，能有效保护驾乘人员的颈部免受伤害。在调整安全头枕高度时，应确保安全头枕中心与后脑中心平齐，才能最大限度地发挥其保护作用。

（4）儿童锁。儿童锁是一种保护儿童的专用安全装置。当儿童锁处于锁住的情况时，在车内无法打开车门，只能在车外通过门把手开启。儿童锁能够防止汽车在行驶中或紧急停车时，儿童自行打开车门而发生意外。

3. 仪表

速度表指示汽车行驶速度，单位为 km/h，速度表指针所指的数字显示当前车辆的行驶速度。里程表累计行驶总里程数以 km 为单位。

转速表用于指示发动机的转速，单位为 1000r/min，转速表指针所指的数字显示当前发动机转速。

水温表用于指示发动机冷却液的温度，单位为℃。"C"表示温度低，"H"表示温度高，水温表指针所指的位置显示当前冷却液的温度。

燃油表用于指示油箱内的燃油量。"E"表示空，"1/2"表示一半，"F"表示满。当指针指在红色警告线以内时，提示油箱内燃油不足。

4. 指示灯

指示灯包括前雾指示灯、后雾指示灯、转向指示灯、车门未关闭指示灯、远光灯和近光灯指示灯等。

图示	表示	图示	表示
	前雾灯打开	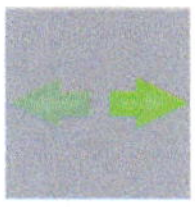	右转向指示灯开启
	后雾灯打开		两侧车门开启或提示两侧车门未关闭
	前后位置灯开启		提示左侧车门未关闭
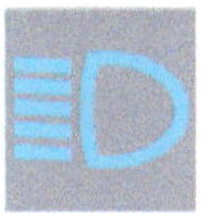	已开启远光灯		提示右侧车门未关闭
	已开启近光灯	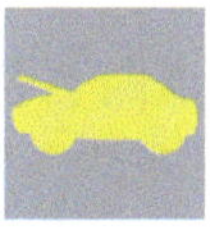	发动机舱开启
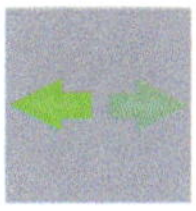	左转向指示灯开启		行李舱开启

5. 报警灯

报警灯包括制动报警灯、机油报警灯、冷却液报警灯、电瓶报警灯、水温报警灯、发动机故障报警灯等。

亮灯图示	表示	亮灯图示	表示
	制动系统出现异常或故障		发动机机油压力过低或机油量不足
	冷却液不足	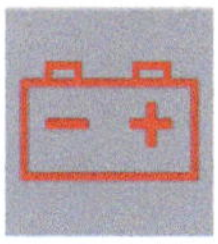	充电电路故障或发电机不向蓄电池充电

续上表

亮灯图示	表示	亮灯图示	表示
	发动机温度过高		发动机控制系统故障
	危险报警闪光灯（故障停车信号灯）开启		安全气囊处于故障状态
	没系安全带或安全带插头未插好		防抱死制动系统出现故障
	驻车制动器处于制动状态		油箱内燃油已到最低液面

第五节　安全文明驾驶常识教学

安全文明驾驶常识教学是实际道路驾驶教学的重要组成部分，需始终贯穿于驾驶培训教学的全过程。道路训练教学应紧密结合实际道路，注重学员安全文明驾驶习惯的养成，在进行驾驶技能训练的同时，让学员掌握安全文明驾驶常识。培养学员安全意识和安全文明驾驶行为，养成自觉杜绝违法驾驶行为以及避免在不良生理、心理状态下进行驾驶的习惯。

一、安全行车知识

一个合格的驾驶人，不仅表现在技术的娴熟上，更重要的是应该具有良好的安全驾驶行为习惯和道德修养。行车中牢记谨慎驾驶的三大原则，即集中注意力、仔细观察和提前预防。

1. 车辆检查

出车前，对机动车驾驶室、发动机舱、车外部、轮胎进行检查，目的是确认车辆附近是否存在安全隐患、周围是否有障碍物以及车胎是否损坏，同时确认出车方向的安全性。

驾驶室内注意检查用来指示发动机冷却液温度的水温表，尽量不要在干燥的状态下检查刮水器。

发动机舱主要检查冷却液、机油、燃油等是否有渗漏现象。检查机油时，应将车辆停在平坦处，且在启动前进行检查。

检查轮胎时重点检查磨损、损毁、紧固情况以及气压状态。各轮胎气压不一致时，容易造成汽车行驶油耗增大、加剧轮胎磨损、发生爆胎以及出现操纵失控等后果。如果轮胎侧顺线出现裂口，应及时更换。一般车上配备的专用备胎不可作为正常轮胎长期使用。

2.起步前检查与调整

进入驾驶室前，首先要观察机动车周围的状况，查看车底和车身周围是否有障碍物以及附近是否存在安全隐患，确认没有影响起步的安全隐患后再上车。

上车后关好车门，调整好座椅、安全头枕和后视镜，系好安全带。同时提醒乘车人系好安全带，不得把身体伸出车外，也不要向车外抛撒物品。随后启动发动机，观察仪表工作情况是否正常。

3.安全起步

起步前，要根据不同的环境、气象条件和能见度选择使用灯光。雨天应使用刮水器并开启近光灯；雾天开启前后雾灯；雪天开启近光灯；夜间开启近光灯。

起步后，应随时注意车辆两侧道路情况，向左缓慢转向，逐渐驶入正常行驶道路，不得急加速向左迅速转向驶入正常行驶道路。

4. 安全汇入车流

驾驶机动车汇入车流时应当开启转向灯，认真观察主路上车辆的行驶情况，在不影响主路车辆正常行驶的前提下汇入车流。驾驶汽车从支线道路汇入主干路车流前，提前开启左转向灯，仔细观察主干路内的情况，确认安全后汇入车流。从主路进入辅路前，提前开启右转向灯，应注意观察并减速慢行。从辅路汇入主路车流前，提前开启左转向灯，要观察主路内车辆通行情况，进入主路时选择安全的时机汇入车流，不得妨碍主路车辆的正常行驶。驾驶机动车汇入车流时，不能影响其他机动车通行。

5. 安全变更车道

驾驶汽车向左或变更车道前，通过后视镜观察左侧道路情况，确认安全后提前3s开启左转向灯，不得影响正常通行的车辆。准备变更车道前，观察后视镜若发现有车辆从后方驶来或从左侧超越时，要放弃超车，减速让行，不可迅速向左变更车道。

在前方交叉路口直行时，需提前在虚线区按导向箭头指示变更到直线车道，且变更车道前一定要开启转向灯。在前方路口转弯时，要在路口导向车道虚线区域按导向箭头指示提前变更车道进入转弯车道；进入实线区后，严禁向左或向右变更车道。

在道路上频繁变更车道或突然变道加塞，会扰乱交通秩序，影响正常通行，造成道路拥堵，甚至容易引发交通事故。

6. 安全跟车

在道路上跟车行驶，要保持安全距离，密切观察前车动态，随时做好减速的准备。同时，也要谨慎制动，以防被后车追尾。在多车跟车行驶的情况下，为避免追尾事故的发生，应至少观察前方2~3辆车，以便对减速或停车具有预见性。若遇到交通流量较大的路段，即便是低速行驶，也需要保持一定的安全距离。

跟车行驶须留有足够的安全距离，在遇到紧急情况时便能有足够的避让空间。跟车距离越近，越不容易掌握前车前方的情况，一旦前车尾灯损坏，不能及时发现前车制动，跟车太近很容易发生追尾事故。当前方是贴有"实习"标志的汽车时，应该增大跟车距离，预防其紧急制动。

跟随出租汽车行驶时,要预防其随时可能靠边停车上下乘客。遇到出租汽车接送客人占道停车时,应停车等待。

驾驶机动车跟车行驶遇到前方大型货车行驶缓慢时,应当加大安全车距,适时超车。跟随装满货物的大型货车行驶时,应注意大型货车制动距离相对较长、容易遮挡视线、盲区较大,还可能会出现货物抛撒的情况。遇到前方大型货车行驶缓慢时,应尽量加大安全车距,适时超车。

遇到前方车辆正在停车时,应提前减速并停车等待。遇前车停车等待行人通过人行横道时,应与前车保持安全距离,排队等待。遇到前方道路中间有停驶的车辆,要预防可能会出现前车左侧车门突然打开、前车前方有行人横穿马路、前车突然掉头或倒车等危险情形。

7. 安全超车

在道路上超车时,要选择视线良好、道路宽直、路面无障碍物、对面无来车的允许超车路段，从左侧超越。预计在超车过程中遇对面有来车时，要提前减速，与前车保持距离跟车行驶，不得加速超车。

在没有中心线的道路上进行超车时，应提前开启左转向灯，鸣喇叭示意（非禁鸣区），以提醒前方被超车辆驾驶人，然后从前车左侧超越。超车完毕后，与被超车拉开必要的安全距离，再开启右转向灯驶回原车道。

在有中心实线的路段超车时，发现前方机动车正在绕行施工路段时，要减速跟随前车行驶，依次通过施工路段，不得越过中心实线超车。

在有中心虚线或分道线的道路上，遇到前车行驶缓慢、减速、停车时，若对方没有来车，在不影响其他车辆通行的情况下，可以临时越过虚线超车。

超越公交车时，要提前减速，保持横向安全距离超车。在道路划设专用车道的路段，不得借专用车道超车。

超车时，发现前车正在超越停在路边的车辆时，要减速行驶，让前方车辆先超车，预防路边车辆突然起步向左行驶。

发出超车信号后，若遇前车不向右减速让行，且对面又有来车的情况，即便是右侧有超车空间，也不能从右侧进行超车。当遇前方机动车没有让车条件或者不减速、不让道，或超车过程中被超车突然加速时，要及时减速并放弃超车，保持安全跟车距离。在交叉路口、急转弯路段、下坡路段、涵洞、隧道、铁路道口或有禁止超车标志的路段，即便遇到机动车较少的情况，也不得进行超车。

8. 安全会车

在没有中心线的道路上会车时，需提前靠路右侧行驶。在一侧有障碍物的路段会车时，无障碍的一方享有优先权，有障碍的一方要让对向先行。若有障碍一侧的车辆已经开始超越障碍物，无障碍的一方要主动礼让对方先行。会车时遇到前方有非机动车，要减速靠右行驶，保持安全间距，注意避让非机动车。

在道路上会车，发现对面来车越过中心线时，最安全的做法是及时向右减速或停车避让。会车前，若发现有车辆强行超越对面来车，最安全的做法是向右减速避让或停车让行。在没有中心线的弯道上会车，要紧靠路右侧，降低车速行驶，保持安全距离。

在狭窄路段会车，要减速靠右并保持安全横向距离。在窄桥会车，感觉与对向驶来的车辆会有会车困难时，要及时减速靠边行驶或停车让行。

9. 安全掉头

掉头时，应选择交通流量小且不妨碍车辆和行人正常通行的允许掉头的路段。在有中心虚线的道路上，只要不影响正常交通即可掉头。在路口掉头，须提前开启左转向灯，进入掉头导向车道，在路口虚线处缓慢完成掉头操作。严禁在有关规定禁止掉头的路口或路段进行掉头，且掉头不得妨碍行人和其他车辆的正常通行。

10. 安全倒车

倒车前，须仔细观察车辆周围的情况，以确认安全。倒车时，要随时注意观察后方情况，缓慢倒车，即便后方道路条件较好，也不可加速倒车。在倒车过程中，若遇到后方有来往车辆行驶的情况，要主动停车避让，保证安全。不得在有关规定禁止掉头的路口、路段掉头。

11. 安全停车

车辆行驶速度、驾驶人的反应时间、路面状况、载货量的多少以及制动器的结构形式等都是影响制动停车距离的因素。

在道路上临时停车要选择道路施划的停车泊位内、停车场或者路面平坦坚实、无禁止停车标志、不妨碍交通的路段和地点。停车要按顺行方向停放，车身不得超出停车泊位，停车后要关闭电路，锁好车门。

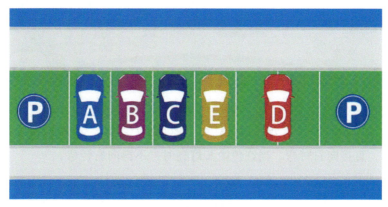

路边临时停车，要靠道路右侧，尽量避开坡道、积水、结冰或松软路面，不得妨碍其他机动车和行人通行，不得随意停车。有关规定禁止停车的路段或地点，不能停车。

在雨天临时停车时，要开启示廓灯、后位灯、危险报警闪光灯。雾、雪天临时停车，应开启危险报警闪光灯、示廓灯和后位灯，雾天还需开启雾灯。

停车后，驾驶人在下车前要先观察后视镜和侧头观察左侧后方情况，并提醒乘车人开启车门前注意观察后方来车，再缓开车门，开关车门不得妨碍其他车辆和行人通行，确保安全。

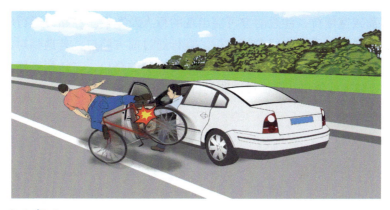

12. 路口安全驾驶

通过有交通信号的交叉路口时，要遵守交通信号，当遇到行人和非机动车横过路口时，要及时减速或停车让行。通过交叉路口遇到黄色信号灯持续闪烁时，须注意观察路口内的通行情况，要在确保安全的前提下低速通过路口。遇到其他机动车抢行进入路口时，要降低车速，确认安全后通过。在没有箭头灯路口右转弯时，要开启右转向灯，提前在虚线区进入右转弯导向车道，进入路口遇路口红灯亮时，在不影响放行车辆和行人的情况下，可以沿右侧道路右转弯。

在有箭头信号灯路口左转弯时，要提前根据导向箭头指示向左变更车道，在直行车道绿灯或绿色箭头灯亮时进入左转弯待转区。路口右转弯时，要在右转弯车道绿色箭头灯亮的情况下，直接向右转弯。当红色箭头灯亮时，不得向右转弯。

通过没有交通信号的路口直行时，要在接近路口处减速慢行，当两侧有建筑物阻挡视线时，须提前减速慢行，注意前方可能出现的行人及车辆。在路口通行时，直行车辆享有优先权，转弯车辆要让直行车辆先行。直行通过前方路口，若遇到对面车辆抢行左转，要及时减速或停车让行。在没有交通信号灯控制的路口，左转弯靠路口中心点左侧转弯，右转弯要减速或停车礼让横过道路的行人和非机动车。

驶近主路和辅路交会处的路口时，要提前减速行驶，观察交会处的车辆情况，谨慎驾驶。在交叉路口违法抢行容易引发交通事故。进入环岛路口时，无须开启转向灯。驶出环岛路口，须开启右转向灯。

13. 安全通过铁路道口

通过铁路道口时,若发现横杆开始下落,要及时将车停在停止线以外,不得加速抢行通过。通过无人看管的铁路道口,要做到"一停、二看、三通过"。跟随多车通过铁路道口,发现道口对面道路拥堵没有停车空间时,要及时停在停止线前,不得进入道口停车。

14. 安全通过学校区域

行车中,看到路边注意儿童标志,须提前减速并注意观察。遇到校车停车上下学生时,应立即停车等待,直至校车驶离。当路边车辆停放较多时,一般处于上学或放学时段,要预防儿童突然横过道路或路边停的车突然开启外侧车门。通过学校时,要减速慢行,注意观察标志标线,禁止鸣喇叭。遇到儿童列队横过道路,要及时停车让行。若发现一侧有人向路对面学生招手,要及时减速或停车,预防小学生突然横穿道路扑向对面家长。

15. 安全通过居民小区

通过居民小区时,要遵守限速标志的规定,按照限速低速行驶,注意避让居民,不得鸣喇叭。在进入小区前,要降低车速,注意观察,随时做好停车准备,不与行人抢行。在小区内行车,要随时留意两侧的情况,做好停车避让居民的准备,尤其要重点注意避让儿童，若发现有皮球滚出，要立即停车，以预防撞上追出的儿童。遇到居民或行人占道行驶时，要保持安全距离行驶，等待居民或行人主动让行。当发现行人或非机动车突然从一侧巷子或停放的车后横穿时，要及时采取减速或停车让行的措施。

16. 安全通过公交车站

通过停有公交车的车站时，须提前减速，注意公交车的转向灯和动态，缓慢超越，预防公交车突然起步或行人从车前穿出。当公交车站附近人较多时，要仔细观察人群的动态，若发现有人横过道路，要停车避让，不得迅速向左变更车道绕行。遇到有非机动车或行人超越公交车时，要及时采取减速或停车避让的措施。与对面公交车站内公交车交会时，要减速观察公交车后方的情况，若发现有人从车后横过道路，要及时减速或停车让行。不得在公交车站停车上下客人或装卸货物。

17. 弯道安全驾驶

弯道行驶时，在进入弯道前充分减速并靠右侧行驶最为安全。在道路急转弯处，要减速靠路右侧行驶并鸣喇叭示意，注意对面来车，不能占用对方车道，做到"左转转大弯，右转转小弯"。

转弯时若遇到对面有来车，应减速靠右侧行驶。在弯道转弯过程中，要注意避让车辆和行人，不得占用对向车道进行超车。转弯路段易引发事故的驾驶行为包括占对向车道行驶、在弯道内急转转向盘以及驶入弯道前不减速。

18. 安全装置操作

安全带能够在遇紧急制动或发生碰撞时，有效地减轻驾乘人员的受伤程度。驾驶汽车不系安全带，在遇紧急制动或发生碰撞时，可能会发生撞击风窗玻璃、被甩出车外等危险。驾驶装有安全气囊的汽车更要注意系好安全带。

防抱死制动装置（ABS）的作用是在机动车紧急制动时，可用力踏制动踏板，ABS系统会起到保持转向能力的作用。但制动距离不会缩短，在紧急制动的同时转向也会发生侧滑。

二、文明行车常识

行车中，驾驶人的违法以及不文明行为均会影响行车安全，进而引发交通事故。驾驶机动车在道路上行驶时，应当按照规定的速度安全行驶、文明驾驶、礼让行车，做到不开英雄车、冒险车、赌气车和带病车。

1. 通过人行横道的安全礼让

在通过人行横道前，须提前减速进行观察，随时做好停车避让行人和非机动车的准备。即便遇到没有行人通过的人行横道，也要减速慢行。当遇到行人正在人行横道上行走时，须停车等待行人通过。在人行横道前，若发现绿灯亮时仍有行人横过道路，要停车礼让行人通过后再起步。

通过人行横道时，若看到右侧停有大型车辆，一定要停车进行观察，以防停着的车辆遮挡的盲区里有行人、非机动车正在通过人行横道。在超越停在人行横道线前的车辆时，一旦发现有行人或非机动车从停的一侧车前过人行横道，要立即停车让行。

2. 保护行人

行车中，看到在机动车道边行走的行人时，须降低车速，注意观察动态。遇到在路边玩耍的儿童时，应该考虑到路边儿童可能会因为打闹而突然冲入路内。看到行动不便的老年人在路边缓慢行走时，不可连续鸣喇叭催其让道，要减速慢行，做好随时停车礼让的准备。遇到缓慢横过道路的老年人，要及时减速或停车让行。遇到专注于使用手机的行人时，应注意观察动态，谨慎驾驶，做好停车准备。

发现有行人或儿童正在随意横过道路时，要正确判断行人或儿童的动态，减速行驶，做好停车避让准备。遇到有人翻越中间护栏时，要迅速减速或及时停车避让行人。在没有交通信号的路口处发现有行人突然横穿道路时，要迅速减速或停车让行。

在乡间道路行驶时，须注意避让两侧行走的行人和在路边玩耍的儿童，可鸣喇叭提示，做好随时停车的准备。遇到在路边挑担子的行人时，要保持较大的安全距离进行超越，预防挑担人突然换肩或将担子横出而发生危险。通过路边有行人的积水路面时，一定要低速缓慢行驶，以免溅起的泥水弄脏行人的衣物。

3. 保护骑车人

行车中，若遇到在右侧同向行驶的非机动车占道影响通行，要适当减速慢行，注意观察动态，保持安全间距，不得鸣喇叭加速超越。遇到成群的青少年骑自行车占道行驶时，要保持安全距离超越或主动减速让行。通过路边两侧有非机动车通行的积水路面时，务必低速缓慢行驶，不得加速或连续鸣喇叭通过。

驾驶机动车在转弯之前应留意旁边行驶的自行车，原因在于自行车体积比较小，不太容易被发现。看到路口有非机动车准备横过人行横道时，要主动减速让行。

4. 安全避让畜力车

行车中，看到路边有牲畜时，要减速慢行，注意观察牲畜的动态，缓慢通过。当遇到牲畜或野生动物占道影响通行时，要注意观察牲畜或动物的动向，随时做好避让横过道路的动物的准备。若发现牲畜或野生动物横穿抢道或突然横穿道路，要及时停车，与动物保持较远的距离，等待动物穿过，不可鸣喇叭或下车驱赶动物。

5. 遇特种车辆的文明礼让

行车中，遇到执行任务的警车、消防车、救护车，要及时减速让行。若发现特种车辆从右侧超越，要及时减速向左侧避让。当遇到执行任务的消防车或抢救伤员的救护车逆向驶来时，要迅速靠右侧减速让行。

6. 遇校车的文明礼让

行车中，遇到运送学生的校车停车时，要立即停车等待，直至校车离开。当遇到校车在道路右侧停车上下学生，若同向只有一条机动车道，后方机动车应当停车等待；同向有两条机动车道时，左侧车道后方机动车应当停车等待；同向只有三条机动车道时，中间车道后方机动车应当停车等待，左侧车道后方机动车可以减速通过。

7. 遇异常行驶机动车的安全礼让

行车中，看到在道路上频繁变更车道、呈曲线或左右摆动行驶的车辆时，要考虑前车可能出现机械故障，或者驾驶人可能处于酒后、吸毒、不良心态等情况下驾驶，此时应注意保持较大的跟车距离，不得加速超越或绕行。

遇有其他车辆不遵守通行规定，突然变道、加塞时，需要减速礼让。当遇到前方货车不按规定装载，装载砂石、煤炭、建筑垃圾等散碎货物的苫布覆盖不严或苫布脱落时，要注意保持较大的跟车间距。遇有大型拉土（石）货车，应当尽量远离并避让。

在高速行驶中，若遇到前车扬起的飞石或是遗撒物将挡风玻璃击裂，导致视线模糊不清的状况时，要逐渐降低车速，开启危险报警闪光灯，并将机动车移至不妨碍交通的地点。

8. 遇道路拥堵时的安全礼让

行车中，遇到前方道路车辆拥堵行驶缓慢时，要依次跟车行驶，不得从两侧穿插超车。在有中心虚线的道路上跟车行驶，遇到前方有车辆突然停车时，要减速停车，依次排队等候。遇前方路段车道减少、车辆行驶缓慢，为保证安全有序，应依次交替通行。

进入交叉路口前，看到因路口对面拥堵造成车辆停车等待时，要在路口停止线外停车等待。通过没有交通信号控制的路口，并且路口内车辆通行混乱时，要注意观察路口车辆的通行情况，进入路口后随时准备停车礼让。在接近交叉路口遇到左侧有车辆强行加塞后迅速向右转向时，要礼让通行。

9. 会车时的文明礼让

会车中，遇到对方来车行进有困难需要借道时，应尽量礼让对方先行。当感觉与对向驶来的车辆有会车困难时，应及时减速靠边行驶或停车让行。行经驼峰桥会车时，应降低车速，可鸣喇叭示意，靠右侧通行。在窄桥上会车，当选择的交会位置不理想时，要停车选择会车地点，必要时倒车，让对方通过。

10. 文明使用灯光和喇叭

夜间驾驶机动车通过没有交通信号灯控制的交叉路口时，交替使用远近光灯示意，目的是让其他交通参与者更容易发现自己。在照明条件良好的路段时，跟车行驶不得使用远光灯。在窄路或者窄桥遇自行车对向驶来时，要使用近光灯。

大雨中跟车行驶时使用近光灯，目的是不干扰前车视线，有利于自己看清道路。雾天行车开启雾灯，是因为雾灯放射的灯光具有更强的穿透力，更容易让道路中的其他车辆驾驶人注意到自己的车辆。

驾驶机动车在规定禁止鸣喇叭或有禁止鸣喇叭标志的路段和区域，不得使用喇叭。雾天在公路行车可多使用喇叭引起对向车辆注意，听到对向机动车鸣喇叭时，也要鸣喇叭回应。通过山区道路弯道时，要做到"减速、鸣喇叭、靠右行"。

11. 常见不文明驾驶行为

常见的违法驾驶行为和驾驶陋习有：

（1）长时间右手抓住变速器操纵杆球头或左臂搭在车门窗上驾车。

（2）在道路上行驶时，随意向车外抛撒物品。

（3）穿拖鞋、高跟鞋、松糕鞋或赤脚驾驶机动车。

（4）边驾车，边吸烟。

（5）边驾车，边打手持电话。

（6）长时间靠近中心线或压线行驶。

（7）变更车道或超车不开转向灯，强行（或随意）并线。

（8）前方机动车停车排队或缓慢行驶时加塞抢行。

（9）遇有自行车借道通行时，急促鸣喇叭。

（10）夜间会车或近距离跟车开启远光灯。

三、道路交通信号的综合应用知识

1. 交通信号灯的遵守

驾驶机动车通过交叉路口时,要严格遵守交通信号灯。绿灯亮时,要控制车速通过路口。

红灯亮时,直行车辆要停在停止线以外等待绿灯放行,右转弯车辆在不影响放行车辆和行人通行的情况下,可沿路右侧转弯通行。在堵车的交叉口绿灯亮时,车辆不可驶入交叉路口。

黄灯亮时,要在停止线以外停车等待放行信号,已经越过停止线的车辆可以继续通行,不得在黄灯亮起时抢行通过停止线进入路口。遇到黄色警示信号灯不断闪烁时,要注意瞭望并谨慎通过。

通过有方向信号灯的路口时,绿色箭头灯亮所指示的方向允许通行,红色箭头灯亮所指示的方向禁止通行。在设有掉头信号灯的交叉路口,红色掉头信号灯亮时禁止车辆直接掉头,绿色掉头信号灯亮时允许车辆掉头。

2. 交通警察手势信号的遵守

驾驶机动车在有交通警察指挥的交叉路口，应按照交通警察的手势信号通行。交通警察手势信号包括停止信号、示意车辆靠边停车信号、直行信号、变道信号、左转弯信号、左转弯待转信号、右转弯信号、减速慢行信号。

3. 路口交通标志的遵守

驾驶机动车通过路口时，应注意观察交通标志，按照交通标志的提示和指示通行。尤其是在没有信号灯的路口，更要严格遵守交通标志。路口交通标志包括警告标志、禁令标志、指示标志、指路标志。

4. 路口交通标线的遵守

驾驶机动车通过路口时，要注意观察交通标线，按照交通标线的指引通过路口。交通标线包括指示标线、禁止标线和警告标线。

5.路段车道信号灯的遵守

在有车道信号灯的路段通行，要选择绿色箭头灯亮的车道通行，禁止驶入红色叉形灯亮的车道。

6.路段警告标志的遵守

驾驶机动车看到路边的警告标志时，根据警告标志图形的含义判断前方的危险状态，谨慎通过。有辅助标志说明的，根据辅助标志含义通过。

7.路段禁令标志的遵守

驾驶机动车在有禁令标志的路段行驶时，要根据禁令标志图形的含义判断前方路段禁止、限制的内容，严格遵守标志进行通行。有辅助标志说明的，根据辅助标志含义通过。

8.路段指示标志的遵守

驾驶机动车看到指示标志时，要根据指示标志图形的含义判断行驶的路线、方向，按照指示标志的指示通行。有辅助标志说明的，根据辅助标志含义通过。

9. 路段指路标志的遵守

驾驶机动车行车中，要根据指路标志传递的道路方向、地点、距离等信息，选择行驶路线和地点。

10. 路段指示标线的遵守

驾驶机动车在道路上行驶时，须遵守道路指示标线。根据指示标线图（线）形的含义判断行车道、行车方向、路面边缘、人行道、停车位、停靠站及减速丘等，按照指示标线的指示通行。

11. 路段禁止标线的遵守

驾驶机动车在道路上行驶时，须遵守道路禁止标线。根据禁止标线的含义判断遵守、禁止、限制等特殊规定，按照禁止标线的告示通行。

12. 路段警告标线的遵守

驾驶机动车在道路上行驶时，须遵守道路警告标线。根据警告标线的含义了解道路上的特殊情况，提高警觉，准备好应变措施。

13. 无人看守铁路道口交通信号的遵守

通过无人看守的铁路道口时，若遇到一个红灯亮或两个红灯交替亮，要在道口停止线以外停车等候，待红灯熄灭后方可起步通过铁路道口。

14. 有人看守的铁路道口交通信号的遵守

通过有人看守的铁路道口时，要注意减速慢行，服从交通信号和管理人员指挥。看到铁路道口横杆开始下落时，要及时将车停在停止线以外，不得加速抢行。

四、通过桥梁和隧道的驾驶常识

1. 通过桥梁的安全驾驶

经过一般公路跨线桥时，需要按照标志指引的车道和限定速度行驶。通过路面条件较好的窄桥，要控制车速，不得超过 30km/h。通过跨江、河、海大桥时，可能会遇到横风，要控制好方向，遵守限速规定，以防桥上的横风导致车辆行驶偏离。

2. 通过隧道的安全驾驶

行车中，看到隧道标志，要按照标志提示减速并开启近光灯。驶入双向通行的隧道时，应靠右侧行驶，注意对向来车。若发现对方有来车使用远光灯，可变换远近光灯提示，减速并及时调整视线，避开对面远光灯的直接照射，增大横向距离同时低速安全会车。当进入仅容一辆车通行的双向隧道，对向有车通过时，要靠右侧停车等待。

通过仅能单车通行的窄隧道时，应提前减速，开启前照灯，观察有无对向来车，确认安全后方可通过。若发现对向有来车，应在隧道口外靠右停车让行，待来车通过后再

驶入隧道。如遇有信号灯控制的隧道，应严格遵守红灯停车、绿灯通行的规则。通过无管制的单车道隧道时，在接近隧道口时，应仔细观察，若隧道内已有对向来车行驶，应主动避让，避免在隧道内出现"顶牛"情况。

单向行驶隧道和双向行驶隧道。隧道内通常比较狭窄、黑暗、路面湿滑。较短的隧道可从入口看到出口，而较长的隧道或路途有弯曲的隧道则从入口无法看到出口。有的隧道在入口处设有信号灯，只有当绿色信号灯亮时，方可驶入。在雨天驶入和驶出隧道时，由于明暗差大以及雨水造成的水帘影响，视线变差，应降低车速行驶。要注意观察隧道内行人和非机动车的动态，在隧道内禁止停车、倒车和超车。

进入隧道后，要注意"暗适应"对行车的影响，尽量靠右侧行驶，将视线注视点放到远处，切勿看向两侧隧道壁上。驶出隧道口时，容易出现"明适应"现象，注意提前降低车速，与前车保持安全距离，降低行驶车速后驶出隧道。严禁在隧道内超车、停车、掉头、倒车。

在隧道内使用远光灯，容易因炫目而引发交通事故。

五、山区道路的驾驶常识

1. 山区道路跟车安全驾驶

驾驶机动车在山区道路行驶时，上坡路段的安全跟车距离应比平坦路段更大。跟车行驶需保持与前车的安全距离，注意观察前车信号灯的变化，随时预防前车突然停车。遇前车停车时，要保持较大距离停车，以防前车停车后溜而发生碰撞事故。在沙土路段跟车行驶，若遇到前车行驶扬起的尘沙，遮挡视线无法看清前方道路情况时，要适当加大跟车距离，不得加速盲目超车。

2. 山区道路超车安全驾驶

在山区道路行车时应尽量避免超车，尤其是下坡路段，车辆由于受重力作用，车速容易过快，且车辆比在平路时操控更为困难，因此在下坡路段尽量避免超车。若需要超车，尽量选择路面宽阔的平、缓路段或上坡的路段，应提前开启左转向灯，鸣喇叭示意，确认前车让超后再进行超越。不得在路面狭窄、急转弯、连续转弯等不具备条件的路段超车。超车时，应提前开启左转向灯，鸣喇叭，确认前车让超后超越。在上坡路段接近坡顶时，超车存在较大风险，因为接近坡顶时视线会受阻，无法观察坡顶之后的道路走向、对向来车情况以及坡顶之后是否有障碍物。

3. 山区道路会车安全驾驶

在山区道路会车时，应选择路面较宽的路段会车。在山区危险路段行车时，若遇对面来车在临崖一侧，靠山体一侧的车辆要选择安全的地点让行，做到先让、先慢、先停，为临崖车辆留出足够的时间和空间会车。在转弯下陡坡路段遇对面来车时，要在转弯前减速行驶，靠路右侧行驶会车。傍山险路靠山体一侧行车遇对面有来车时，要靠右侧低速行驶，尽量给对面来车让出路面，以确保通行安全。

4. 山区道路上、下坡安全驾驶

在山区道路上坡路段行驶时，应尽量保持匀速前进，尽量避免换挡，时刻留意下行车辆。上坡时，要在车速下降前及时减挡，以保持充足动力。驶近坡道顶端等影响安全视距的路段时，要充分考虑到潜在的风险，不得加速冲过坡顶。上陡坡路段，应提前观察坡道长度，上坡前减挡保持动力，尽量避免在途中减挡。在上坡路段停车时，使用行车制动要比在平路时推迟。

在山区道路下坡行驶时，须提前减速减挡，利用发动机制动控制速度。下长坡或下陡坡时，要根据坡度的大小，提前选择中速挡或低速档行驶，借助挡位来控制车速。下长坡连续使用行车制动，会使制动器温度升高，从而导致制动效能急剧下降，造成制动器制动效果变差或车辆制动器失灵。下长坡时严禁使用空挡滑行，以免因再次挂挡困难而引发事故。

5. 山区道路弯道安全驾驶

在山区道路弯道行车时，要在转弯前减速，沿弯道右侧行驶，做到"减速、鸣号、靠右行"。在路面较窄的急弯处行车，需集中注意力、降低车速、注意鸣喇叭，并做好停车准备。

行至遮挡视线的弯道处，应预防对向可能有车辆驶来。须注意转弯半径较小，车速过快容易导致车辆失控。转弯后路面可能存在落石、凹陷等特殊路况。遇前方有非机动车时，要注意预防骑自行车者可能由于上坡等原因突然改变行驶方向。

6. 山区道路安全停车

在山区道路应尽量避免停车，山区容易出现塌方、泥石流的路段严禁停车。若在山区道路因故障停车，尽量选择平缓路段进行停放。因发生故障需停车检修时，要开启危险报警闪光灯，拉紧驻车制动器。

为避免机动车溜动，上坡路段可将转向盘向左转，在后方用塞车木或石块塞住车轮以防车辆后溜；下坡路段可将转向盘向右转，在前方用塞车木或石块塞住车轮以防车辆后溜。固定好车辆后，按规定在车后方设置警示标志。

六、夜间道路的安全驾驶

1. 夜间灯光的使用

夜间驾驶机动车开启灯光，其目的不仅在于看清路况，更重要的是让其他交通参与者能够观察到车辆的存在。夜间驾驶机动车起步，应首先开启近光灯。通过照明条件良好的路段时，使用近光灯。通过没有交通信号灯控制的交叉路口，应交替使用远近光灯示意，其目的是使其他交通参与者更容易发现自己的车辆。当遇到对面有非机动车的情况时，应使用近光灯。若夜间车辆灯光发生故障，要尽快选择安全区域缓慢停车。

2. 夜间跟车安全驾驶

机动车在夜间行驶的主要影响是能见度低，不利于观察道路情况。因此，在夜间行驶时，要降低行驶速度，谨慎驾驶。在照明条件良好的路段跟车行驶，要使用近光灯，保持安全距离，注意前车信号灯的变化，做好减速或停车的准备。在路口遇到前车遮挡交通信号灯时，应减速并做好停车准备。

3. 夜间超车、让超车安全驾驶

夜间驾驶机动车严禁在弯道超车。超车时若遇前车不让路，要保持距离等待让行。发现后车开启左转向灯发出超车信号时，在有让超车条件且能保证安全的情况下，应减速靠右让路。

4. 夜间会车时的安全驾驶

夜间会车前，为了便于双方观察前方情况，两车在相距 150m 之外交替变换前照灯远近光。遇到对向来车未关闭远光灯时，可变换使用远近光灯予以提示，如遇对方持续开启远光灯，应当使用近光灯，视线向右平移以防止眩目，及时减速让行，可选择低速会车或靠边停车让行。如果对面来车近距离仍未关闭远光灯时，应减速行驶，以防两车灯光交汇处形成的视线盲区内有行人通过时发生事故。在窄路遇到对面驶来非机动车时，应使用近光灯，减速或停车避让。

5. 夜间通过坡道、人行横道时的安全驾驶

夜间驾驶汽车驶近上坡路坡顶时，应合理控制车速，交替变换远近光灯。当通过没有交通信号灯的人行横道有行人横过时，应减速并停车让行人优先通过。即使行经没有行人通过的人行横道，也应减速观察，确认安全后通过。

6. 夜间转弯、发生故障时的安全驾驶

驾驶机动车在夜间发生故障时，应选择安全区域停车，开启危险报警闪光灯、示廓灯和后位灯，并按规定设置警告标志，禁止在急弯道停车。

七、恶劣气候条件下的安全驾驶

1. 雨天安全驾驶

雨天影响安全行车的主要因素包括视线受阻、路面滑湿以及附着力变小，这些因素会影响驾驶人的视野。在湿滑路面上行驶时，路面附着力会随着车速的增加而急剧减小，下雨开始时的路面最容易发生侧滑，在雨天湿滑路面行车要尽量避免紧急制动。大雨天行车时，为避免发生"水滑"而造成危险，要控制行驶速度。

雨天安全行车，应注意保持安全距离，留意非机动车和行人动态，选择安全车速行驶，避免进行紧急制动和紧急转向。跟车行驶时，为了不干扰前车视线且有利于自己看清道路，要使用近光灯，保持安全距离，避免超车。

雨天遇到撑雨伞和穿雨衣的行人在路边行走时，要适当降低车速，保持安全距离，注意观察行人动态，可提前轻按喇叭进行提醒，不得急加速绕行。遇行人占道行走时，应提前减速行驶，鸣喇叭提醒，保持安全距离，不得急加速绕行。当遇暴雨刮水器无法改善驾驶人视线时，要立即减速靠边停驶。雨天临时停车，应开启危险报警闪光灯。

2. 冰雪道路安全驾驶

冰雪路面行车时，稳定性降低，操控难度增大，制动距离延长，极易发生侧滑，加速过急时易产生车轮空转或溜滑现象。在冰雪道路行车，必须降低车速行驶，必要时可安装防滑链，在减速或停车时充分利用发动机的牵制作用进行制动。冰雪道路行车，由

于路面湿滑，车轮附着力减小，跟车行驶要保持较大的安全距离。

有积雪的道路，由于积雪对光线的反射，极易造成驾驶人眩目。在积雪覆盖的路面行驶时，可根据路边树木、电杆等参照物判断行驶路线，有车辙的路段要沿着车辙低速行驶，避免紧急制动和急转方向的操作。

在山区冰雪道路行驶时，若遇前车正在爬坡，应选择适当地点停车，待前车通过后再进行爬坡。在结冰的道路上会车时，应提前减速，缓慢进行交会。雪天临时停车，要开启危险报警闪光灯以提醒其他车辆。

3. 雾天安全驾驶

雾天行车，能见度低，须正确使用灯光并减速慢行。雾灯在雾天放射出的灯光具有更强的穿透力，更容易引起道路中其他车辆的注意。雾天行车，要开启雾灯和危险报警闪光灯，当玻璃上出现因雾气形成的小水珠时，应及时用雨刮器刮净。雾天在公路行车可多使用喇叭引起对向车辆注意，听到对向车辆鸣喇叭，要鸣喇叭回应。

雾天跟车行驶，要降低行车速度，保持较大的跟车间距，应随时注意前车的制动灯光和动态，预防前车紧急制动。雾天两车交会，要低速且保持较大间距。浓雾天会车，要适当降低行驶车速，靠右行驶，集中注意力进行驾驶。遇到大雾或特大雾、浓雾等能见度过低的天气时，要选择安全地点停车，停车后开启危险报警闪光灯。

雾天在道路中抛锚且不能移动时，应立即打开危险警报灯，要求车内所有人员立即下车远离事故车辆，在车后设置危险警告标志以警告来往车辆，并立即拨打交通事故报警电话 122 请求援助。

4. 大风天气安全驾驶

大风天行车需注意关紧车窗，尽量避免进行制动，留意车辆的横向移动。大风沙尘天气行车正确的做法是关紧车窗，降低行驶速度，握稳转向盘，注意观察路面情况。

大风天气行车，由于风速和风向往往不断地发生变化，当感到转向盘突然"被夺"，或者感到转向盘突然难以控制，又或者遇到较强横风或狂风袭来感觉机动车产生横向偏移时，要双手稳握转向盘，不得采取紧急制动或急转向的方式来恢复行驶方向。

5. 泥泞道路安全驾驶

泥泞路行车，车轮极易出现空转和侧滑的情况，遇到泥泞或翻浆路段时，要先停车观察，选择平整、坚实或有车辙的路段通过。通过泥泞路前，要选用中低速挡位慢速行驶，利用加速踏板控制速度，匀速一次性通过，尽量避免使用行车制动器。通过泥泞路段时，要稳握转向盘，平稳地转动转向盘，避免因快速猛转动转向盘而引起侧滑，导致行驶方向失控，发生危险。

车辆在泥泞路段后轮发生侧滑时，要向车尾（后轮）侧滑的方向缓慢转动转向盘进行适量修正。在泥泞路段起步或者陷住时，遇驱动车轮空转打滑，切忌选择急加速，可在驱动轮下铺垫砂石等物，以增加摩擦力。

6. 涉水道路安全驾驶

行车中，遇到漫水路（桥）时，要停车察明水情，确认安全后，挂低速挡并保持足够动力，匀速通过。通过漫水路时，要特别注意减速慢行，不要注视水流的变化，避免中途停留。通过积水路段，须减速慢行，注意避让行人或非机动车。涉水后，要间断轻踏制动踏板，排干制动器摩擦片与制动毂间的积水，以恢复制动效能。

八、高速公路的安全驾驶

1. 驶入收费口

驾驶机动车进入高速公路收费口，应减速慢行，有序行驶，选择绿灯亮起的收费口进入。安装ETC卡的车辆，可经电子不停车收费专用ETC车道低速通过收费口。

2. 安全汇入车流

驾驶机动车驶入高速公路匝道时，需开启右转向灯，遵守限速规定，依次通行，不准超车、掉头、停车。从匝道驶入高速公路加速车道时，应当开启左转向灯。

进入加速车道后，尽快将车速提高到 60km/h 以上，选择适当的时机汇入车流。从加速车道进入行车道时，不能影响其他机动车正常行驶，并避免在加速车道减速或停车。

3. 行车道选择

在同方向有 2 条车道的高速公路，车速低于 100km/h 时，应在右侧车道上行驶。同方向有 3 条以上车道的，最左侧车道的最低车速为 110km/h。车速高于 90km/h、低于 110km/h 的机动车不应在最左侧车道上行驶。在高速公路不得频繁地变更车道，更不能从相距较近的正常行驶车流中间穿插行驶。行车中感到疲劳或瞌睡时，应选择就近的服务区休息，不允许用通过超车或者迅速变道等提神的方法防止瞌睡。

4. 行车速度、安全距离确认

高速公路上遇高速公路限速标志标明的车速与车道行驶车速的规定不一致的，应按照限速标志标明的车速行驶。

机动车在高速公路上行驶，车速超过 100km/h 时，应当与同车道前车保持 100m 以上的距离，车速低于 100km/h 时，与同车道前车距离可以适当缩短，但最小距离不得少于 50m。在遇有雾、雨、雪、沙尘、冰雹等低能见度的气象条件下，能见度在 100m 以下时，应开启危险报警闪光灯，车速不得超过 40km/h，与同车道前车至少保持 50m 的距离。

5. 应急车道的使用

高速公路行车，若需要临时停车，要选择到服务区，非紧急情况不得在应急车道行驶或者停车。机动车在高速公路上发生故障须进行检查时，应当在应急车道停车。因故障或者事故在高速公路行车道上紧急停车时，驾乘人员要迅速转移至右侧高速护栏以外的安全地方。

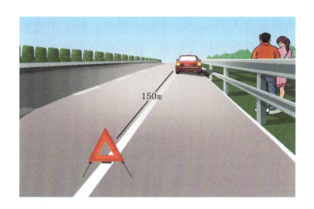

6. 安全通过高速公路隧道、桥梁

进入高速公路隧道前，按照隧道口标志上规定的速度调整车速，并开启近光灯后进入隧道。驶出高速公路隧道口时，要牢牢握稳转向盘，因为遇横风时会明显出现方向偏移的情况。

7. 驶离高速公路

驶离高速公路时，应提前开启右转向灯，驶入减速车道进行减速，按照规定的时速进入匝道。进入匝道后，须按照标志限定的时速行驶。如果因疏忽驶过出口且下一出口距离较远，要继续向前行驶，以寻找下一路口驶回。

九、紧急情况下避险常识

1. 紧急情况下的避险原则

紧急情况下避险始终须将人的生命安全置于首位。行车中遇紧急情况避险时,要保持沉着冷静,坚持先避人后避物的处理原则。在高速公路或其他道路高速行驶时,遇到紧急情况避险,要坚持采取制动减速的方案,遵循不急转向的原则,不要轻易急转向避让,以降低碰撞损坏程度。

2. 轮胎漏气的处置

轮胎漏气会造成轮胎气压过低,高速行驶时轮胎会出现波浪变形且温度升高,进而可能导致爆胎。发现轮胎漏气后,要尽快将车驶离主车道,缓慢制动减速,不可采用紧急制动,以免造成翻车或后车因制动不及时而导致追尾事故。

3. 突然爆胎的处置

行车中驾驶人意识到爆胎时,要双手紧紧握住转向盘,松开加速踏板,在尽力控制车辆直线行驶的情况下,轻踏制动踏板,尽量采用抢挂低速挡的方法,利用发动机制动缓慢减速停车,切忌在慌乱中急踏制动踏板紧急停车。在尚未控制住车速前,不要冒险使用行车制动器停车,以避免机动车横甩引发更大的险情。后轮爆胎时,要注意控制行驶方向并慢慢减速停车;前轮爆胎,需在控制住行驶方向后,采取抢挂低速挡的措施减速停车。

轮胎气压过高或过低、磨损严重、被尖锐物体刺伤轮胎、车辆超载超员等情况都可能引起或导致轮胎爆裂。避免爆胎的正确做法是定期检查轮胎，及时清理轮胎沟槽内的异物，及时更换有裂纹或损伤的轮胎，切勿采用降低轮胎气压的错误做法来避免爆胎。专用备胎只能用于应急临时使用，不可作为正常轮胎长期使用。

在高速公路上行驶时，车辆左前轮突然爆胎，行驶方向易发生变化，紧急制动容易引起侧翻。因此，驾驶人须第一时间紧握转向盘，然后轻踏制动踏板进行减速，并将车停靠在紧急停车带上。

4. 转向突然失控的处置

机动车在高速行车中，出现转向失控时，若前方道路条件能够保持直线行驶，驾驶人要开启危险报警闪光灯，可采用抢挂低速挡的方法控制车速，并合理使用行车制动和驻车制动，避免采取紧急制动。在转向失控的情况下紧急制动，很容易造成翻车。

在高速公路行驶，如果发生转向失灵，不能进行紧急制动。当转向失控且行驶方向偏离，事故已经无可避免时，应果断地连续踩踏、放松制动踏板或采取紧急制动，尽快减速停车，尽量缩短停车距离，减轻撞车力度。驾驶装有转向助力装置的机动车突然发现转向困难、操作费力时，要及时停车查明原因，不得继续行驶。

5. 制动突然失控的处置

机动车在行驶中突遇制动失灵时，驾驶人要握稳转向盘，开启危险报警闪光灯，抢挂低速挡减速，同时使用驻车制动器辅助减速。

机动车在行驶中出现制动失效后，要首先控制方向，再设法控制车速。下坡路行驶时，制动突然失效后，可利用道路边专设避险车道减速停车。停车后，拉紧驻车制动器，以防溜动发生二次险情。在不得已的情况下，可将车向上坡道方向行驶或用车身侧面擦撞山坡、靠向路旁的岩石或树木碰擦，迫使机动车减速停车。

有效预防机动车发生制动失效的措施包括定期维护制动系统，在行车前检查制动踏板的自由行程，正确使用制动以防止热衰退。对于采用液压制动的机动车，行车前检查制动液是否存在滴漏情况。

6. 发动机突然熄火的处置

行车中发动机突然熄火后不能启动，要立即开启危险报警闪光灯，缓慢减速，将车移至不妨碍交通的地方停车，并放置故障车警告标志，进而检查熄火原因。

7. 侧滑时的处置

驾驶机动车在冰雪路面上制动时，车轮最容易抱死，前车轮抱死会出现丧失转向能力的情况，后车轮抱死则会出现侧滑甩尾现象，在弯道行驶时速度过快容易发生侧滑。驾驶未安装制动防抱死装置（ABS）的机动车在冰雪路面使用制动时，要轻踏或间歇踩踏制动踏板。发生侧滑时，不可猛打转向盘进行调整。当前轮侧滑时，向侧滑相反方向转动转向盘进行调整；当后轮侧滑时，向侧滑方向转动转向盘进行调整。

8. 碰撞、倾翻时的处置

在车速较高且可能与前方机动车发生碰撞时，驾驶人要先采取先制动减速措施，而后进行转向避让。当与其他机动车发生正面碰撞已不可避免时，应迅速采取紧急制动，以减轻碰撞力度。若发生撞击的位置不在驾驶人一侧或撞击力量较小时，驾驶人要紧握转向盘，两腿向前蹬，身体向后紧靠座椅，不得从一侧跳车。当与对向来车发生正面碰撞且碰撞位置在驾驶人正前方时，驾驶人要迅速躲离转向盘，往副驾驶座位躲避，并迅速将两腿抬起，避免身体受到挤压。机动车突然发生倾翻时，驾驶人要双手紧紧握住转向盘，双脚勾住踏板，背部紧靠椅背。

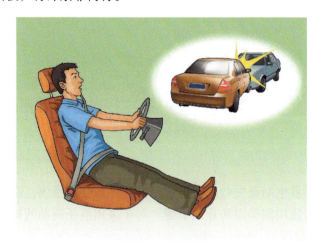

9. 火灾时的处置

机动车突然自燃发生火灾时，应设法将机动车停在远离城镇、建筑物、树木、机动车及易燃物的空旷地带，驾驶人要迅速离开驾驶室，使用车内备用灭火器进行灭火，不得将机动车驶进服务区或停车场灭火。

发动机着火时，要迅速关闭发动机，采用灭火器或覆盖法灭火，不得开启发动机罩灭火。燃油、电器着火时，可用路边沙土、棉衣、工作服进行灭火，不能用水灭火。在救火前，要脱去所穿的化纤服装，以免伤害暴露的皮肤。救火时，要站在上风处，瞄准火源进行灭火，不要张嘴呼吸或高声呐喊，以免烟火灼伤上呼吸道或发生窒息。当火势较大灭火器无法灭火时，应远离火灾现场，迅速拨打救援电话求救。

10. 落水时的处置

机动车不慎意外落水后，须等到水快浸满车厢时，再设法开启车门或摇下车窗玻璃逃生。当车门无法开启时，可选择敲碎侧窗玻璃的自救方法进行逃生。不可采用迅速关闭车窗阻挡车内进水，要采用短暂闭绝空气，打电话告知救援人员失事地点的方法等待救援。

11. 高速公路紧急情况避险

高速公路行车紧急情况避险的处理原则是先避人后避物、先减速后转向，遇到紧急情况时切勿轻易急转向避让。除遇障碍、发生故障等必须停车的情况外，不准在高速公路上停车上下人员或者装卸货物。机动车在高速公路上发生故障要进行检查时，应选择在服务区、应急车道停车，不得在行车道上抢修。当机动车因故障暂时不能离开应急车道或路肩时，驾乘人员要迅速下车，在护栏以外的安全地方等候。机动车发生故障或者交通事故，无法正常行驶时，必须由救援车、清障车拖曳、牵引，不得由同行机动车拖曳、牵引。

机动车在高速公路上行驶，遇有雾、雨、雪天气，且能见度在 100m 至 200m 时，应开启雾灯、近光灯、示廓灯、前后位灯，车速不超过 60km/h，与同车道前车保持 100m 以上的距离。高速公路遇大雾视线受阻时，应及时减速，当能见度小于 50m 时，应从最近的出口尽快驶离高速公路。在高速公路上遇分流交通管制时，应在交通警察的指挥下有序地行驶。

机动车在高速公路发生交通事故后，要尽快疏散人员，开启危险报警闪光灯，正确放置危险警告标志。遇非常情况或者发生事故时，要尽最大努力将损失降到最低限度，绝不能因紧急避险造成二次事故或更大的损失。

12. 高速公路发生"水滑"的处置

雨天在高速公路行车，为避免发生"水滑"现象而造成方向失控，须降低车速。雨天发生"水滑"现象时，要双手握稳转向盘，缓抬加速踏板减速，逐渐降低车速行驶。

13. 高速公路雾天遇到事故的处置

大雾天在高速公路遇事故不能继续行驶时，须开启危险报警闪光灯和雾灯，车上人员应尽快离开机动车，站到防护栏以外的安全地方，然后沿高速公路应急车道行走到车后 150m 以外设置警告标志。

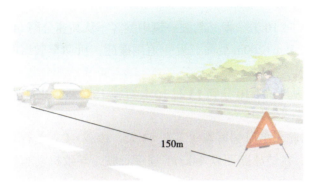

14. 意外碰撞护栏的处置

在高速公路行车意外碰撞护栏时，要稳住方向，迅速向碰撞一侧转向，切忌向相反方向大幅度转向或左右猛转转向盘。

15. 遇到横风的处置

机动车在到达高速公路隧道出口或者通过高速公路跨江、河、海大桥时，可能会遇到横风。当在高速公路行驶遇到横风明显出现方向偏移的情况时，要握稳转向盘，减速行驶。

16. 紧急情况停车的处置

机动车在高速公路上发生故障必须停车检查时，要选择在应急车道或路肩停车，不得在行车道上抢修。停车后，须开启危险报警闪光灯，在车后 150m 处设置故障警告标志，夜间还应开启示廓灯和后位灯，驾乘人员要迅速下车，在护栏以外的安全地方等候。

十、典型事故案例

1. 疲劳驾驶案例分析

案例：某日早上 6 时，冉某驾驶一辆大型客车出发，连续行驶至上午 11 时，在宣汉县境内宜南路 1km 处，坠入公路一侧垂直高度 8.5m 的陡坎下，造成 13 人死亡、9 人受伤。

违法行为分析：冉某驾驶大型客车从早上 6 时连续驾驶至上午 11 时，5 个小时没有休息，属于疲劳驾驶。

2. 超速行驶案例分析

案例一：某日13时10分，罗某驾驶一辆中型客车从高速公路0km处出发，14时10分行至该高速公路125km+200m处时，发生追尾碰撞，机动车驶出西南侧路外边坡，造成11人死亡、2人受伤。

违法行为分析：从13时10分到14时10分行驶125.2km，时速超过高速公路最高限速，属于超速行驶。

案例二：罗某驾驶大型卧铺客车（乘载44人，核载44人）行至沿河县境内540县道58km+500m处时，在结冰路面以44km/h速度行驶，导致机动车侧滑翻下公路，造成15人死亡、27人受伤。

违法行为分析：罗某驾驶大型卧铺客车在结冰路面以44km/h速度行驶，超过限定车速，属于超速行驶。

案例三：佟某驾驶一辆大型客车（乘载54人，核载55人）行至太原境内以45km的时速通过一处泥泞路段时，机动车侧滑驶出路外坠入深沟，导致14人死亡、40人受伤。佟某的主要违法行为是超速行驶。

违法行为分析：佟某驾驶一辆大型客车以45km/h的速度通过泥泞路段，超过限定车速，属于超速行驶。

3. 客车超员案例分析

案例一：何某驾驶一辆乘载53人的大型客车（核载47人），行至宁合高速公路南京境内454km+100m处，被一辆重型半挂牵引车追尾，导致大型客车翻出路侧护栏并起火燃烧，造成17人死亡、27人受伤。

违法行为分析：何某驾驶的大型客车核载47人，实载53人，超过核定载客人数，属于客车超员。

案例二：徐某驾驶一辆中型客车（乘载27人，核载19人）行至四都镇前岭村壶南头路段，在上坡过程中，机动车发生后溜驶出路外坠入落差约80m的山崖，造成11人死亡、7人受伤。

违法行为分析：徐某驾驶的中型客车，核载19人，乘载27人，超员8人，属于客车超员。

4. 货车超载、载客事故案例分析

案例一：郝某驾驶一辆载有84.84t货物的重型自卸货车（核载15.58t），行至滦县境内262省道34km+623m处，与前方同向行驶的一辆载有45.85t货物的货车（核载1.71t）追尾碰撞后，侧翻撞向路边人群，造成19人死亡、17人受伤。

违法行为分析：郝某驾驶的自卸货车核载15.58t，实载84.84t；同向行驶的货物核载1.71t，实载45.85t；双方都严重超载。属于货车超载。

案例二：周某驾驶一辆轻型厢式货车（搭载22人）行驶至丙察公路79km+150m处时，坠入道路一侧山崖，造成12人死亡、10人受伤。周某的主要违法行为是货车载客。

违法行为分析：周某驾驶的轻型厢式货车搭载 22 人，属于货车违法载客。

5. 车证不符事故案例分析

案例：赵某（持有 A2 驾驶证）驾驶大型卧铺客车，行驶至叶城县境内 219 国道 226km+215m 处转弯路段时，坠入道路一侧山沟，致 16 人死亡，26 人受伤。

违法行为分析：赵某持有 A2 驾驶证驾驶大型卧铺客车，属于驾驶与准驾车型不符的机动车。

6. 综合事故案例分析

案例一：林某驾车以 110km/h 的速度在城市道路行驶，与一辆机动车追尾后弃车逃离被群众拦下。经鉴定，事发时林某血液中的酒精浓度为 135.8mg/100mL。

违法行为分析：林某驾车以 110km/h 的速度在城市道路行驶，属于超速行驶。追尾后弃车逃离，属于肇事逃逸。血液中的酒精浓度为 135.8mg/100mL，属于醉酒驾驶。

案例二：周某夜间驾驶大型货车在没有路灯的城市道路上以 90km/h 的速度行驶，一直开启远光灯，在通过一窄路时，因加速抢道，导致对面驶来的一辆小型客车撞上右侧护栏。

违法行为分析：周某夜间驾驶大型货车在没有路灯的城市道路上以 90km/h 的速度行驶，属于超速行驶。夜间一直开启远光灯，属于不按规定使用灯光。通过一窄路时加速抢道，属于不按规定会车。

案例三：叶某驾驶中型厢式货车，行至陂头镇上汶线 3km+600m 弯道路段时，以 40km/h 的速度与王某驾驶的乘载 19 人正三轮载货摩托车发生正面相撞，造成 10 人死亡、9 人受伤。

违法行为分析：叶某驾驶中型厢式货车在弯道以 40km/h 行驶，属于某超速行驶。王某驾驶的正三轮载货摩托车乘载 19 人，属于非法载客。

案例四：某日 19 时，杨某驾驶大型客车，乘载 57 人（核载 55 人），连续行驶至次日凌晨 1 时，在金城江区境内 050 国道 3008km+110m 处，因机动车左前胎爆裂，造成 12 人死亡、22 人受伤的特大交通事故。

违法行为分析：杨某驾驶大型客车，核载 55 人，乘载 57 人，属于客车超员；从 19 时连续行驶至次日凌晨 1 时，属于疲劳驾驶。

案例五：唐某驾驶一辆大型客车，乘载 74 人（核载 30 人），以 38km/h 的速度行至一连续下陡坡转弯路段时，机动车翻入路侧溪水内，造成 17 人死亡、57 人受伤。

违法行为分析：唐某驾驶的大型客车，核载 30 人，乘载 74 人，属于客车超员；在连续下陡坡转弯路段以 38km/h 的速度行驶，属于超速行驶。

案例六：吴某驾驶一辆大型客车，乘载 33 人（核载 22 人），行至 163 县道 7km+300m 处时，机动车失控坠入山沟，造成 10 人死亡、21 人受伤。事后经酒精检测，吴某血液酒精含量为 26mg/100mL。

违法行为分析：吴某驾驶的大型客车，核载 22 人，乘载 33 人，属于客车超员。事后经酒精检测血液酒精含量为 26mg/100mL，属于酒后驾驶。

案例七：钱某驾驶大型卧铺客车，乘载45人（核载40人），保持40km/h以上的车速行至八宿县境内连续下坡急转弯路段处，翻下100m深的山崖，造成17人死亡、20人受伤。

违法行为分析：钱某驾驶的大型卧铺客车，核载40人，乘载45人，属于客车超员；连续下坡急转弯路段保持40km/h以上的车速行驶，属于超速行驶。

案例八：某日3时40分，孙某驾驶大型客车（乘载54人、核载55人）行至随岳高速公路229km+300m处，在停车下客过程中，被后方驶来李某驾驶的重型半挂机动车追尾，造成26人死亡，29人受伤。事后查明，李某从昨日18时许出发，途中一直未休息。

违法行为分析：孙某驾驶大型客车在高速公路229km+300m处停车下客，属于违法停车。李某某驾驶重型半挂车从昨日18时许出发，途中一直未休息，属于疲劳驾驶。

案例九：陶某驾驶中型客车（乘载33人），行至许平南高速公路163km处时，以120km/h的速度与停在最内侧车道上安某驾驶的因事故无法移动的小客车（未设置警示标志）相撞，中型客车撞开右侧护栏侧翻，造成16死亡、15人受伤。

违法行为分析：中型客车核载最多19人，陶某驾驶的中型客车乘载33人，属于客车超员；以120km/h的速度行驶，超过中型客车的最高限速，属于超速行驶。安某驾驶的因事故无法移动的小客车未设置警示标志，属于未按规定设置警示（告）标志。

案例十：邹某驾驶大型卧铺客车（核载35人，实载47人），行至京港澳高速公路938km时，因乘车人携带的大量危险化学品在车厢内突然发生爆燃，造成41人死亡，6人受伤。

违法行为分析：邹某驾驶的大型卧铺客车核载35人，实载47人，属于客车超员；乘车人携带的大量危险化学品，属于乘车人携带易燃易爆危险物品乘车。

案例十一：杨某驾驶改装小型客车（核载9人，实载64人，其中62人为幼儿园学生），行至榆林子镇马槽沟村处，占用对向车道逆行时与一辆重型自卸货车正面碰撞，造成22人死亡、44人受伤。

违法行为分析：杨某驾驶改装的小型客车，属于非法改装机动车；小型客车核载9人，实载64人，属于客车超员；占用对向车道逆行，属于逆向行驶。

案例十二：戚某驾驶大型客车，乘载28人（核载55人），由南向北行至一无交通信号控制的交叉路口，以50km的时速与由东向西行至该路口李某驾驶的重型半挂牵引车（核载40t，实载55.2t）侧面相撞，造成12人死亡、17人受伤。

违法行为分析：戚某驾驶的大型客车无交通信号控制的交叉路口，以50km的时速行驶，属于超速行驶。李某驾驶的重型半挂牵引车核载40t，实载55.2t，属于货车超载。

案例十三：彭某驾驶一辆重型半挂牵引车，载运37.7t货物（核载25t），行至大广高速公路一下坡路段，追尾碰撞一辆由李某驾驶在应急车道内行驶的重型自卸货车（货箱内装载3.17m³黄土并搭乘24人），造成16人死亡、13人受伤。

违法行为分析：彭某驾驶的重型半挂牵引车，核载25t，载运37.7t货物，属于机动车超载。李某驾驶的重型自卸货车在应急车道内行驶，属于占用应急车道行驶；重型自卸货车货箱内装载 3.17m³ 黄土并搭乘 24 人，属于货车车厢内违法载人。

案例十四：石某驾驶低速载货机动车，运载 4.05t 货物（核载 1.2t），行驶至宁津县境内 314 省道 51km+260m 处，在越过道路中心线超越前方同向行驶的机动车时，与对向正常行驶的中型客车（乘载 12 人，核载 11 人）正面相撞，造成 10 人死亡、2 人受伤。

违法行为分析：石某驾驶的低速载货机动车，核载1.2t，运载4.05t货物，属于货车超载；越过道路中心线超越前方同向行驶的机动车，属于违法超车。中型客车核载11人，乘载12人，属于客车超员。

案例十五：李某驾驶一辆大型客车，乘载 21 人（核载 35 人），行驶途中察觉制动装置有异常但未处理，行至双岛海湾大桥时时速为 50km（该路段限速 40km），因制动失灵坠入海中，造成 13 人死亡、8 人受伤。

违法行为分析：李某驾驶大型客车行驶途中察觉制动装置有异常但未处理，属于驾驶具有安全隐患的机动车；在限速 40km 的路段，时速为 50km，属于超速行驶。

案例十六：贾某驾车在高速公路上行驶，遇到大雾，能见度小于 50m，贾某开启了雾灯、示廓灯、危险警报灯，以时速 40km 行驶，并与同车道保持 50m 距离，经过三个出口驶离高速公路。

违法行为分析：贾某驾车在高速公路遇到大雾，能见度小于 50m 没有及时驶离高速公路，属于未按规定驶离高速公路；没有开启近光灯，属于未按规定开启相应的灯光；以时速 40km 行驶，属于超速行驶。

案例十七：张某驾驶车辆在高速公路上发生故障不能移动，开启危险报警闪光灯后下车，联系朋友李某驾驶私家车帮忙拖曳到应急车道。李某拖曳故障车的过程中，刘某驾驶货运车辆以 110km/h 的速度驶来，导致三车相撞。

违法行为分析：张某没有在故障车辆后设置警示标志，属于没按规定设置警示标志。李某驾驶私家车帮忙拖曳到应急车道，属于用私家车拖曳故障车辆。刘某驾驶货运车辆以 110km/h 的速度行驶，属于超速行驶。

十一、交通事故救护知识

1. 事故处置原则

行车中遇有前方发生交通事故，需要帮助时，应协助保护现场，并立即报警。遇交通事故有受伤者需要抢救时，及应时将伤者送医院抢救或拨打急救电话。

驾驶机动车发生交通事故后，应注意是否有燃油泄漏、管路破裂的情况，避免意外情况出现。

在事故现场抢救伤员的基本要求是先救命，后治伤。受伤者在车内无法自行下车时，可设法将其从车内移出，尽量避免二次受伤。遇伤者被压于车轮或货物下时，要设法移动车辆货物，不得拉拽伤者的肢体将其拖出。

2. 昏迷不醒的伤员急救

抢救昏迷失去知觉的伤员时，需在抢救前先检查呼吸，再进行具体施救。搬运昏迷失去知觉的伤员要采取侧卧位。

3. 失血伤员的急救

抢救失血伤员时，需先采取止血措施。当采用指压止血法为动脉出血伤员止血时，要用拇指压住伤口的近心端动脉位置。止血可使用绷带、三角巾和止血带进行包扎，在没有绷带急救伤员的情况下，可用毛巾、手帕、床单、棉质衣服、长筒尼龙袜子等代替绷带包扎，不能用麻绳或细绳缠绕包扎，救助失血过多出现休克的伤员时要采取保暖措施。

4. 烧伤伤员的急救

救助全身燃烧的伤员，可以采取向身上喷冷水的方法进行灭火，不得采用灭火器、沙土覆盖火焰等方法灭火。烧伤伤员口渴时，可饮用少量的淡盐水。

5. 中毒伤员的急救

救助有害气体中毒伤员，要在第一时间将伤员（中毒人员）移出毒区，移送到有新鲜空气的地方，脱去接触有毒空气的衣服，用清水清洗暴露部位，防止伤员继续中毒。在救助中毒伤员时，非专业人员不得对实施保暖、人工呼吸、胸外心脏按压等直接接触的救护方法。

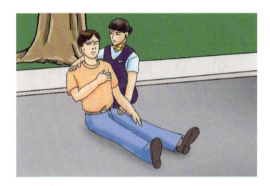

6. 骨折伤员的处置

抢救骨折伤员时，务必注意不要移动身体的骨折部位。当伤员骨折处出血时，要先进行止血，然后固定包扎伤口。对无骨端外露的骨折伤员进行肢体固定时，固定范围要超过伤口上下关节。在抢救脊柱骨折的伤员时，需用三角巾固定，若需要移动，切勿扶持伤者走动，而要用硬担架进行运送。当伤员大腿、小腿和脊椎骨折时，一般不要随便移动伤者。

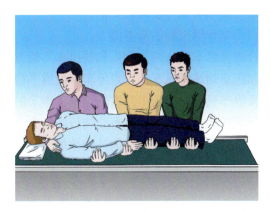

第三章

场地驾驶教学

场地驾驶教学是为学员打好基本功的阶段,其教学目的在于让学员掌握正确的驾驶方法,准确控制车辆的行驶位置、速度和路线,培养学员操纵车辆倒入车库、判断停车位置并正确停入道路右侧车位的能力,同时培养学员控制车辆曲线行驶和内、外轮差的能力。通过跟车速度感知训练,学员能够在场内道路上独立安全地驾驶车辆,以满足道路驾驶训练的需求。

第一节 实操教学准备

教练员在进行实操教学前,要根据实操教学的项目制订训练方案,编写操作训练教案,对教学车辆进行检查,选用驾驶模拟教学设备。

一、制订实操训练方案

1. 实操训练方案制订要求

(1)根据《教学大纲》的培训目标制订实操训练方案。
(2)根据实操训练项目具体部署教学重点、要求。
(3)实操训练方案要结合实际训练的内容,具有可操作性。
(4)有明确的教学重点和实施步骤。

2. 制订基础和场地实操训练方案

(1)学习并掌握基础驾驶和场地驾驶理论知识。
(2)基础驾驶操作训练对车辆控制的基本能力。
(3)倒车入库训练合理操纵车辆从两侧倒入和驶出车库的方法。
(4)坡道定点停车和起步训练操纵车辆定点停车和坡道平稳起步的方法。
(5)侧方停车训练操纵车辆顺向停入道路右侧车位(库)的方法。
(6)曲线行驶训练操纵转向盘控制车辆进行曲线行驶的方法。
(7)直角转弯训练在急转弯路段准确判断内外轮差的方法。

实操训练实施计划

序号	项目	具体内容
1	科目名称	
2	培训目标	
3	培训对象	
4	训练时间	
5	训练地点	
6	教练员	
7	学员人数	
8	训练设备	
9	训练内容	
10	训练组织	

二、编写驾驶操作训练教案

1. 驾驶操作训练教案的编写要求

（1）以《教学大纲》为依据。编写教案要以《教学大纲》为依据，根据训练教学内容和特点，结合教练员的教学经验和教学风格编写教案。

（2）了解学员的情况。在了解学员的前提下，根据学员已有的知识结构、理解能力和水平，对训练的内容进行合理的安排，设计训练教学方案，注重学员安全意识、驾驶技能和实际能力的培养。

（3）设计程序及教学安排。确定训练的教学目的，根据训练教学的内容，设计训练教学过程的程序及教学安排。

（4）与教学计划一致。编写教案必须以《教学大纲》的学时分配为基础，在训练方法、学时安排、训练内容等方面应与教学计划相一致。

2. 驾驶操作训练教学教案内容

（1）教学科目：《教学大纲》中设置的模拟或实操教学内容。

（2）教学学时：《教学大纲》中规定的实操教学学时。

（3）教学目的：《考试大纲》设置的实车考试目标中所要完成的驾驶教学任务和培养目标。

（4）教学要求：《教学大纲》设置的实操教学目标中需要掌握的驾驶技能和相关安全知识。

（5）教学内容：《考试大纲》中的考试要点和教材中驾驶训练的具体项目、方法和内容。

（6）重点难点：驾驶教学中关键性驾驶操作重点和难以掌握的驾驶要领和动作。

（7）教学方法：驾驶训练时采用的具体教学方法。

（8）教学工具：实际驾驶教学使用的教学工具和设备。

场地驾驶教案实例

教学科目	直角驾驶	教学学时	2
教学目的	培养在行驶中操纵转向装置控制内轮差通过转弯区域的能力		
教学要求	掌握在急转弯路段正确操纵转向盘准确判断内外轮差的方法		
教学内容	（参考要点） 1.教学要求 直角转弯驾驶按规定从直角弯路一侧进入，沿设定的直角转弯，一次通过直角弯。中途不得停车，车轮不得碰轧车道边线。转弯前，开启转向灯。完成转弯后，关闭转向灯。 2.直角转弯操作方法 （1）进入直角弯路入口前，利用离合器半联动控制车速，保持速度平稳。 （2）进入直角弯后，开启转向灯。 （3）用发动机罩中心位置对准白线内侧直行，当车前轮驶过直角后迅速将转向盘转到极限。 （4）车身转过直角弯后，关闭左转向灯，车正时回轮，从出口驶出。 3.教学注意事项 （1）进入直角弯时，尽量靠右侧行驶。 （2）中途不得停车，车轮不得碰轧车道边线。 （3）正确使用转向灯		
重点难点	（1）离合器半联动控制车速。 （2）车前轮驶过直角的时机		
教学方法	教练员随车讲解、指导		
教学工具	教练车在场地内进行操作训练		

道路驾驶教案实例

教学科目	变更车道	教学学时	2
教学目的	培养变更车道过程中正确使用转向灯，观察侧后方交通情况，保持车辆安全间距，控制行驶速度，合理选择变道时机的能力		
教学要求	熟悉变更车道时观察、判断安全距离，控制行驶速度知识，掌握使用灯光信号，合理选择变更车道时机、平稳变更车道的安全驾驶方法		
教学内容	（参考要点） （1）变更车道前，开启转向灯，通过内、外后视镜观察，并向变更车道一侧转头观察后方道路交通情况。 （2）确认安全后，缓慢变更车道，并继续观察变更车道一侧的后视镜。 （3）变更车道完毕后，及时关闭转向灯		
重点难点	（1）变更车道前的观察。 （2）变更车道时安全距离		
教学方法	教练员随车讲解、指导		
教学工具	教练车（C1）在实际道路操作		

夜间驾驶教案实例

教学科目	夜间灯光的使用	教学学时	2
教学目的	培养行驶中根据各种照明情况和道路情况正确使用灯光的能力		
教学要求	掌握夜间起步、会车、超车、通过急弯、通过坡路、通过拱桥、通过人行横道或者没有交通信号灯控制的路口时正确使用灯光的驾驶方法		

续上表

教学内容	（参考要点） （1）夜间起步前，开启前照灯（近光灯），仔细观察车周围的情况，确认安全。 （2）起步时，开启左转向灯，注意观察后视镜，缓慢起步。 （3）行驶在无照明、照明不良的道路上，使用远光灯。 （4）行驶在照明良好的道路、路口、桥梁、弯道或者遇会车、路口转弯、近距离跟车等情况，使用近光灯。 （5）超车、通过急弯、坡路、人行横道或者没有交通信号灯控制的路口时，要交替使用远近光灯示意。 （6）路边临时停车时，关闭前照灯，开启示廓灯
重点难点	（1）灯光的使用时机。 （2）灯光的正确使用
教学方法	教练员随车讲解、指导
教学工具	教练车（C1）在实际道路操作

三、教学车辆安全检查

1. 教学车辆安全检查知识

（1）车身外观检查：车身整洁、无开裂、无明显锈蚀和变形，车窗玻璃齐全、完好。左右后视镜和内后视镜应完好、无损毁。发动机、水箱应无漏油、漏水和漏液现象。

（2）轮胎检查：轮胎外观无破裂、割伤、凸起、异物刺入等影响使用的缺陷。同轴两侧轮胎规格、花纹应一致，花纹深度不小于1.6mm，轮胎气压符合要求。

（3）转向机构、加速踏板、制动踏板、离合器踏板、变速器操纵杆、驻车制动装置灵活，无卡滞。

（4）车灯检查：前照灯、转向灯、制动灯、示廓灯、危险报警闪光灯、前后雾灯齐全完好，表面清洁，无松动。

（5）开关手柄检查：点火开关、窗玻璃刮水器开关、危险报警闪光灯（俗称双闪）开关、雾灯开关、行李箱手柄、发动机盖（罩）手柄（按钮）开启灵活，锁止牢固。

（6）灯光信号检查：起动发动机，各仪表工作状态正常，仪表板上报警灯无故障，前照灯、转向灯、制动灯、示廓灯、危险报警闪光灯、前后雾灯，指示灯无异常。

2. 教学注意事项

（1）检查要认真、到位，方法要正确。

（2）按照顺序进行查看，避免漏查，保证安全行车。

四、驾驶模拟教学设备使用知识

1. 基础动作模拟设备训练

使用模拟设备进行基础动作训练，主要是训练转向盘、离合器踏板、制动踏板、加速踏板、变速器操纵杆、驻车制动器操纵装置的规范操作，学习使用点火开关、观察仪表、开启转向灯、鸣喇叭及观察后视镜的方法。在模拟训练中，教练员按照实车训练的内容和操作顺序进行讲解与示范，学员模仿教练员的动作进行练习，教练员对学员的操作进行现场指导，训练学员操作动作的准确性，培养学员的动作定势，帮助学员养成良好的驾驶操作习惯。

2. 特殊道路和恶劣气象条件下模拟设备训练

使用模拟设备进行道路模拟训练，主要是为了解决实际道路上无法完成的训练项目。《教学大纲》规定的恶劣条件下驾驶、山区道路驾驶、高速公路驾驶以及安全文明意识等内容，在实际驾驶训练中基本都不具备条件进行训练。通过模拟设备的场景模拟训练，可以体验在这些场景中安全驾驶的方法，培养安全意识。在模拟道路训练中，教练员在现场按照规定的训练内容和要求进行指导，让学员体验特殊道路和恶劣气象条件下的安全驾驶方法，培养学员的安全意识和安全驾驶习惯。

第二节　驾驶操作规范动作教学

一、基础驾驶理论知识

1. 转向盘操作原理

汽车转向盘（俗称转向盘）是操纵行驶方向的装置，转向盘通过转向机构控制转向轮。转动转向盘可以改变或恢复车辆行驶方向，实现向右、向左改变行驶方向或保持直线行驶。

2. 离合器踏板操作原理

离合器踏板是离合器的操纵装置，用于控制发动机与传动系统动力的接合与分离，传递或切断发动机与变速器之间的动力。踩下离合器踏板时，离合器分离，动力被切断。抬起离合器踏板时，离合器接合，动力被传递。

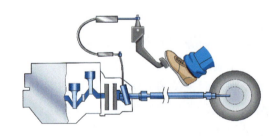

3. 加速踏板操作原理

加速踏板控制进入发动机汽缸内燃油的流量和空气量。踩下加速踏板，发动机转速提高，动力增加。抬起加速踏板，发动机转速降低，动力下降。

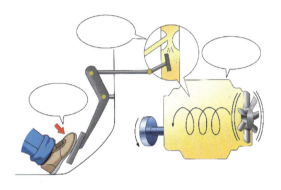

4. 制动踏板操作原理

制动踏板是行车制动器的操纵装置。踏下制动踏板，行车制动器发挥作用，使车轮制动。放松制动踏板，车轮制动解除。

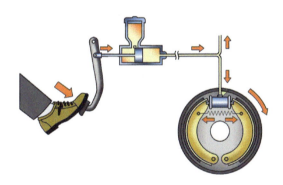

5. 变速器操纵杆操作原理

变速器操纵杆是变速器的操纵机构，一般有几个前进挡和倒挡。操纵变速器操纵杆选择不同的挡位时，可变换变速器内不同齿轮的啮合状态，从而改变汽车的行驶速度、动力、转矩、方向，并能中断动力传递，实现汽车加速、减速或倒车。

6. 驻车制动操纵装置

驻车制动器操纵杆（踏板）是驻车制动器操纵装置，主要供驻车时制动使用。可使车辆停止时保持稳定可靠，在坡道起步时起到辅助作用。拉紧操纵杆（或踏下踏板）可起到制动作用，放松操纵杆（或抬起踏板）则解除制动。

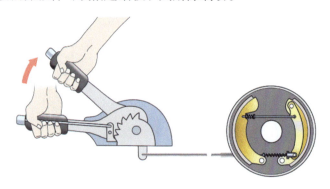

二、驾驶模拟教学设备基础驾驶操作规范

1. 驾驶模拟教学设备驾驶操纵机构的结构

驾驶模拟教学设备分为简易和设置视频动画两种类型。其中一种是简易模拟器，按照实车主要配置座椅、后视镜、转向盘、离合器踏板、加速踏板、制动踏板和驻车制动操纵装置，部分会配置视景显示器。另一种是综合了计算机、控制、微电子、光学和精密机械等多学科的高新技术产品，由驾驶舱座、视景计算机、视屏、操作传感器、数据采集卡、耳机和话筒等组成，具备视觉、听觉、身体触觉的实时模拟功能。

2. 驾驶操纵模拟训练的内容、要求

驾驶模拟训练分两部分。第一部分是"基础和场地驾驶"中"操纵装置的规范化操作"和"起步前车辆检查与调整"的教学内容，主要训练转向盘、变速操纵杆、离合器踏板、制动踏板、加速踏板和驻车制动器操纵装置的规范操作以及起步前的检查与调整。第二部分是模拟实际道路上不能完成项目的训练，主要是"道路驾驶"中"夜间驾驶""恶劣条件下的驾驶""山区道路驾驶""高速公路驾驶"的模拟驾驶训练。模拟训练主要是为了规范动作和安全意识的培养，但不能替代实际道路驾驶操作训练，更不能用模拟器取代实车训练。

第三节　基础驾驶训练教学

系统地进行基础驾驶操作训练，在掌握规范的基础驾驶操作技能后，再进入场地驾驶是极为重要的。若不经过基础驾驶操作训练，在未掌握前进和倒车要领和技能的情况下直接进行规定项目训练，难度会大幅增加，进步缓慢，教学效果差，还会浪费燃油和训练时间。基础驾驶操作包括：上车前观察、进入驾驶室、安全调整与检查、驾驶姿势、起步前准备、起步操作、加速、换挡、减速、停车、倒车、行驶位置和行驶路线的选择。

一、上车前的检查

1. 上车前检查方法

上车前,从车身左侧按逆时针方向绕车一周,查看车辆外观及车周围、车底的情况,检查车辆转向机构、轮胎、号牌、灯光信号和照明装置。观察是否存在泄漏现象及其他安全隐患,确认没有影响安全起步的隐患后方可上车。

2. 上车前检查要求

(1)车身外观检查:车身整洁、无开裂、无明显锈蚀和变形,车窗玻璃齐全、完好。左右后视镜和内后视镜完好、无损毁。发动机、水箱无漏油、漏水和漏液现象。

(2)轮胎检查:轮胎外观无破裂、割伤、凸起和异物刺入等影响使用的缺陷。同轴两侧轮胎规格、花纹应一致,花纹深度不小于1.6mm,轮胎气压符合要求。

(3)车灯检查:前照灯、转向灯、制动灯、示廓灯、危险报警闪光灯和前后雾灯齐全完好,表面清洁,无松动。

3. 教学注意事项

(1)检查要认真、到位,方法要正确。

(2)按照顺序进行查看,避免漏查,保证安全行车。

二、上下车动作及驾驶姿势

1. 上车动作

在驾驶室左侧门前,用左手握住车门把,打开车门,随后左手移至车门内侧,右手握住转向盘。将右脚伸向加速踏板,侧身使臀部、腰部、上身依次进入驾驶室,自然坐下。接着收左脚进驾驶室并放在离合的踏板左下方,与此同时,右手移至转向盘右侧,左手将车门关至离门框10cm时,稍用力将车门关好,从车内锁好车门。

2. 驾驶姿势

坐在驾驶座位上,身体应对正转向盘,胸部略挺,背部紧靠座椅背,腰部、臀部轻靠在靠背上,上身与腿保持105°~115°,头部端正,两眼平视前方,左、右两膝自然分开、膝盖微弯曲，能够轻松自如地踏加速踏板、离合踏板和制动踏板，两手分别轻松地握住转向盘两侧边缘，肘部微曲。

3. 下车动作

下车前，通过室内后视镜和外后视镜观察并转头查看左侧后面的交通情况。确认安全后，左手打开车门至1/2处，随手扶在车门窗内框，右手握住转向盘左缘，先迈出左脚直接落地，接着上身、腰部向外、向右转体，右脚随即落地站稳。用左手先将车门关至3/4（或车门间隙10cm）处，稍用力将门关严，锁好车门后拉一下门把进行确认。

4. 教学注意事项

（1）上车打开车门的幅度不要过大，以能够按规范动作进入驾驶室为宜。

（2）要养成保持正确驾驶姿势的习惯。

（3）关车门采用两次关门法，先把车门关至离车门框大约10cm处停顿，再稍用力关闭车门。

（4）行车前要确定锁好车门。

（5）下车离开要确认锁好车门，采用电子锁的车门，要拉动门把确认车门是否锁好。如电子锁失灵，要立即改用手动锁锁好车门。

三、起步前的检查、调整

1. 调整座椅和安全头枕

右手握住转向盘，左手操纵座椅调节装置，前后滑动座椅以调整座椅前后位置及靠背角度。将座椅调整到前脚掌能轻松将离合器踏板（左脚）和制动踏板（右脚）踏到底时，腿部仍有一个大于90°的弯曲状态为宜。椅背调整至使胸椎以下的背部自然地靠在座椅靠背上，两臂前伸，腕关节置于转向盘顶端，肩部自然放松，肘部能稍微弯曲的状态为宜。调整完座椅后，放下调整手柄，前后移动座椅，使锁止机构锁死。

扳开座椅头枕的锁止开关，上下调节座椅头枕高度，使头枕能支撑头和颈部，头枕的顶部与头平齐，头枕中心对正后脑部。

2. 调整内视镜

保持正确驾驶姿势，面向正前方，右手握住内后视镜边缘，将其调整到转动眼睛时便能够看到车后部和车窗外情况的程度为宜，一般要将后风窗玻璃置于内后视镜中央位置。

操纵外后视镜调整装置，左右位置应调整至从车内看时，车身占镜子纵向的 1/4，车外物体占镜子纵向的 3/4。左后视镜中路面占镜子高度的 1/4，右后视镜中路面占镜子高度的 2/3（可根据身体高度进行调整），尽量使视野能够看到后方更远的地方。

3. 检查与调整安全带

根据自身身高扳动安全带高度调整钮，将安全带高度调整至合适高度，用右手缓慢地将安全带向下平顺拉出，使安全带从肩与颈根（锁骨下）之间穿过，并通过胸部的适当位置，将搭扣插头插入插座时能听到"喀"的一声，表示锁止。然后，猛拉安全带，检查自动锁止功能是否正常锁住。在解脱安全带时，左手抓住安全带，右手用拇指按下搭扣插座上端的按钮，插头便会从插座中脱出，随后左手慢慢地将安全带放松，使其自动复位到卷收器中。

4. 检查操纵装置

检查驾驶室内的操纵装置。转向盘的最大自由转动量不得超过10°，且应转向灵敏。检查变速器操纵杆，确认其处于空挡（P挡）位置。检查驻车制动器操纵装置，应处于拉紧制动状态。检查制动踏板和离合器踏板，踩踏和抬起应正常，踏板到底时，踏板与驾驶室地板之间的间隙应合适，且无障碍物。检查加速踏板，踩踏和抬起应灵活，无卡滞现象。

5. 指示（报警）灯检查

（1）制动报警灯：属于驻车制动器及制动系统故障指示灯。当驻车制动器操纵杆拉起时，该指示灯亮起，颜色为红色；松开后，指示灯熄灭。在行车途中，若此灯亮起，则表示制动系统出现了问题。

（2）开门报警灯：是车门打开时的指示灯。当车上任何一扇车门打开或关闭不严时，该指示灯亮起，颜色为红色。部分车辆设有左右两侧车门指示灯，分别用以指示左或右侧车门打开或关闭不严的情况。

（3）安全带报警灯：为提示安全带连接或断开的指示灯。当安全带插头未插入固定扣时，指示灯亮起，颜色为红色；而当插头插入固定扣时，指示灯熄灭。

（4）危险报警灯：又称为故障停车信号灯，一般与转向信号灯、停车信号灯共用，也有部分车辆单独设置。打开危险报警信号灯开关后，所有的转向信号灯和停车信号灯会同时闪烁。

（5）倒车信号指示灯及报警器：是倒车时的报警装置。当将变速器操纵杆挂入倒挡时，倒车信号灯亮起，报警器发出断续的报警声，用以警告车后的行人和车辆驾驶人。

6.起动发动机后仪表检查

（1）电流表与充电指示灯：用于指示蓄电池充电或放电的电流值，以监控充电电路工作是否正常。电流表指针指示在中间"0"的位置时，指示灯不亮。打开点火开关，若电流表指针指向"-"的一侧且指示灯亮，则表示蓄电池放电；当发动机向蓄电池充电时，电流表指针指向"+"的一侧，指示灯熄灭。

（2）燃油表与液面报警灯：用于指示油箱内的存油量。表上标有"0""1/2""1"三个读数，分别表示"空""一半""满"。进口汽车上的燃油表标有"FUEL"字样，指针指向"F"表示满，指向"E"表示空。当最低燃油液面报警灯亮时，提醒驾驶人需要加注燃油。

（3）机油压力表：用于指示发动机运转时润滑系主油道内机油的压力；机油压力报警灯是针对发动机机油压力过低的警报装置。当接通点火开关时，指针摆在"0"位置，报警灯亮起；在发动机怠速运转的情况下，机油压力不低于 0.80×100 kPa，报警灯熄灭；而发动机正常运转时，机油压力应处于 $3\times 100 \sim 4\times 100$ kPa。

（4）水温表：用于指示发动机冷却液的温度，单位为℃（摄氏度）。打开点火开关后，水温表显示温度，温度报警灯瞬间闪烁后（或发动机启动后）熄灭。对于标有字母"H""C"的水温表，指针指向"H"区表示温度过热，指向"C"区表示温度过低，指向两个字母之间的位置则表示温度正常。当冷却液温度过高或冷却液液面过低时，报警灯亮起。

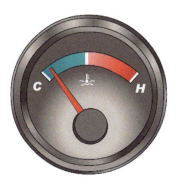

（5）车速里程表：通常由速度表、里程表、日里程表构成。其中，速度表用来指示汽车行驶速度；里程表负责累计汽车行驶的总里程数；日里程表则用于记录一天或某段区间的里程数，按下回零位按钮使其至"0"位后开始计数。

（6）发动机转速表：用于在调整发动机怠速时检视转速以及检视发动机维持最高效率时的每分钟转速。电子转速表的指示器能够以模拟或数字形式显示转速数值；转速表上标有红色示警限数，发动机转速不可超过红色警区。

7. 教学注意事项

（1）检查调整要仔细到位，不能漏项，发现异常及时处置。

（2）调整动作按要领操作，做好安全防护。

（3）发动机第一次起动失败后，二次起动间隔时间一定要在30s以上。

（4）发现报警灯亮时，要立即熄火，查找原因。

四、驾驶操纵装置规范动作

1. 转向盘规范操作

双手握住转向盘两侧盘缘，食指到小指这四个手指由内向外自然地握住，拇指自然地按住转向盘边缘，注意不要握得太紧。将转向盘视为一个时钟，左手握在9点位置，右手握在3点位置。

转动转向盘以左手为主、右手辅助。在小幅度转动转向盘的情况下，采用推拉法进行操作，即一只手推，另一只手拉，在180°范围内，转动多少角度就回正多少角度。在大幅度转动转向盘时，则采用交叉法操作，双手握住转向盘边缘，向左或向右交叉转动转向盘。

向左转向时，以右手为主、左手为辅，右手向上推，左手向下拉，当左手下拉到7点位置时，松开上提，右手继续向上推到9点位置时，左手在12点位置承接转向盘，右手回到原来位置。

向右转向时，以左手为主、右手为辅，左手向上推，右手向下拉。当右手下拉到 5 点位置时，松开上提，左手继续向上推到 3 点位置时，右手在 12 点位置承接转向盘，左手回到原来位置。

教学要求：

（1）静止状态下避免转动转向盘，以免加大磨损。
（2）转向盘转动到底时，不可用力猛拉，否则易损机件。
（3）行驶中严禁双手离开转向盘。
（4）转向操作要均匀柔和，快慢适当，两手操作幅度不宜过大。

2. 变速器操纵杆规范操作

左手握稳转向盘，两眼应注视前方，左脚踩下离合器踏板，右手凭借手腕和肘关节的力量将变速器操作杆前推或后拉，以此实现挂挡或摘挡的操作。在挂倒挡时，须将车辆完全停住，解除倒挡锁止装置之后再挂入。

教学要求：

（1）换挡时两眼应注视前方，不得低下头看变速器操纵杆。
（2）换挡操作要迅速、准确，不得强拉硬推。
（3）加挡时要逐级进行，不得越级加挡。
（4）减挡时可以根据情况越级减挡。

3. 离合器踏板规范操作

踩离合器踏板时，须迅速将踏板一踏到底。松抬踏板时，要遵循"快—慢—停—慢—快"的原则。"快"：开始的自由行程部分抬起要快。"慢"：即将到达离合器接触点时，踏板的抬起速度要慢。"停"：处于离合器半联动状态时，要略做停顿。"慢"：在离合器平稳接触之后，踏板的抬起速度要慢。"快"：松抬踏板的自由行程要快。

教学要求：

（1）不要用脚尖或脚心踩离合器踏板，以免操纵无力或脚滑离踏板。

（2）踩踏板时要迅速、一踏到底。

（3）不用离合器时，要把脚从踏板上移开，放到左侧。

（4）不要长时间使离合器处于半接合状态。

4. 制动踏板规范操作

踏制动踏板时，眼睛不可注视踏板，要凭借脚的感觉进行操作，通过膝关节的伸屈动作来踏下或放松踏板。踏下制动踏板的行程、速度以及力度，根据制动效果的需要而定。

教学要求：

（1）踩踏板的行程、速度以及力度根据需要而定，不能一次用力踩到底。

（2）右脚离开加速踏板就放到制动踏板上。

5. 加速踏板规范操作

踏加速踏板时，眼睛不应注视踏板，而要靠脚的感觉进行操作，利用踝关节的伸屈动作使踏板踏下或松抬，并且做到"轻轻踏下、缓慢抬起"，不得忽抬忽踏或连续抖动。

教学要求：

（1）不能用脚跟踏行车制动踏板，脚尖斜踏加速踏板。

（2）操纵踏板要做到"轻踏缓抬"，切忌忽抬忽踩和连续抖动。

6. 驻车制动器操纵装置规范操作

停车后，将操纵杆稍向后（向上）拉动，驻车制动即起制动作用。起步时，使用大拇指按下杆头的按钮，然后将杆向前推送到底，便可解除制动。在操纵脚动驻车制动器时，左脚踏下驻车制动踏板，从而起制动作用。将踏板踩下后再抬起，即可解除制动。对于电子式驻车制动器，上提按钮实现制动，按下按钮解除制动。

教学要求：
（1）停车后，必须拉紧驻车制动拉杆或上提按钮，防止车辆溜动。
（2）行车前，必须松下驻车制动拉杆或按下按钮，解除制动。

五、发动机启动、升温和停熄操作

1. 发动机启动前的检查

在发动机启动前，检查变速器操纵杆，确保其处于空挡（对于自动挡车辆为 P 挡）位置；驻车制动器操纵杆（踏板）处于制动状态。

2. 发动机启动

踏下离合器踏板（自动挡车辆踩下制动踏板），将点火开关旋至启动"START"位置，发动机启动。松开点火开关，点火钥匙会自动回位，尽量一次性成功启动发动机。发动机启动后，缓慢抬起离合器踏板，使其平稳结合，使发动机保持怠速运转。

3. 发动机升温

发动机启动后，存在一个润滑、升温的过程。当转速表的转速下降至一个稳定位置时，说明润滑、升温过程结束。在增压发动机启动时，需要让发动机进行怠速预热 1min 以上。若冬季车辆露天停放，需要润滑、预热的时间相对较长，一般预热 3~5min。气温越低，润滑、预热时间就越要适当延长。

4. 发动机停熄

发动机停熄前，应将变速器操纵杆置于空挡（对于自动挡车辆为 P 挡）位置，并拉紧驻车制动器。首先让发动机怠速运转 1~2min，若长时间在高速公路行驶，则怠速运转需要在 5min 以上，之后将点火开关转动到"ACC"位置，使发动机停熄。

六、平路起步、加速、减速、停车

1. 平路起步操作要领

左手握住转向盘，开启左转向灯，左脚踩下离合器踏板，挂入起步挡，鸣喇叭（非禁鸣区），观察左侧后视镜，适当控制发动机转速，缓慢抬起离合器踏板直至到达半联动点，松开驻车制动器，右脚适量轻踩加速踏板，左脚继续缓慢松开离合器踏板，使车辆平稳起步后，完全抬起离合器踏板。

教学注意事项：

（1）掌握好离合器踏板至半联动点。

（2）离合器踏板、加速踏板和驻车制动器操纵杆的操作动作配合得当。

（3）松抬离合器要做到"两快、两慢、一停顿"。

2. 加速、加挡、汇入车流驾驶

平稳地踏下加速踏板，逐渐提高车速。当车速达到适合换入高一级挡位的程度时，控制好转向盘以保持车辆直线行驶，松抬加速踏板，在踩下离合器踏板的同时，将变速器操纵杆换入高一级挡位，并尽快逐级换至最高挡位。

向左汇入车流前，开启左转向灯，注意观察左侧主车道的车流情况，从后左侧视镜进行观察，确认不会影响后方车辆行驶时，向左缓慢转向，适当加速，跟随前车汇入主车道车流，然后关闭转向灯，继续跟车行驶。

教学注意事项：

（1）换挡动作应连贯、迅速、准确，换挡时机恰当，换挡全过程保持没有间歇，注重手脚要配合协调。

（2）换挡时离合器踏板抬起的速度，随着挡位的提高逐渐加快。

（3）加挡时必须逐级从低速挡升至高速挡，不得越级加挡。

（4）汇入车流不得影响正常行驶的车辆。

3. 减速、减挡和停车位置的判断

控制好转向盘保持直线行驶。减挡前，抬起加速踏板，随即将右脚移至制动踏板上，先利用发动机的牵阻作用减速，再根据车速适时地用行车制动进行减速。当感到动力不

足（发动机声音变得沉闷、车体出现抖动）时，左脚踏下离合器踏板，随即将变速杆挡换入低一级挡位，也可根据速度状况越级减挡。

停车前，要根据道路情况选定好停车的预定位置。停车时，观察右后视镜，开启右转向灯，右脚松抬加速踏板并移放到制动踏板上，同时观察右侧后视镜，逐渐驶向道路右侧同时缓慢减速，当车速降至 5km/h 时，踏下离合器踏板，将车辆平稳地停到预定地点。停车后，拉紧驻车制动器操纵杆，将变速器操纵杆移至空挡位置（上坡停车挂一挡，下坡停车时挂倒挡），关闭转向灯，松开离合器踏板、制动踏板，关闭点火开关。

教学注意事项：
（1）减挡动作要求连贯、准确、迅速，在挂挡或脱挡时要注意发挥手腕的爆发力。
（2）减挡时要掌握好车速与挡位的匹配，尤其是车速不宜过快。
（3）逐级减挡无法维持发动机足够动力时，可以越级减挡。
（4）感到动力不足，及时换入低一级挡位。
（5）停车位置应选择在允许停车的地点，严禁在禁止停车的路段、地点停车。

七、转向、转弯驾驶操作

1. 最小转弯半径

最小转弯半径是指汽车转向过程中，当转向盘向左或向右转至极限位置时，外侧转向轮行驶的轨迹至转向中心的距离。

2. 内（外）轮差

车辆转弯时，前内轮转弯半径和后内轮转弯半径之间所形成的偏差称为内轮差；前外轮转弯半径与后外轮转弯半径之间形成的偏差称为外轮差。车身的长度越长，内、外轮差就越大。

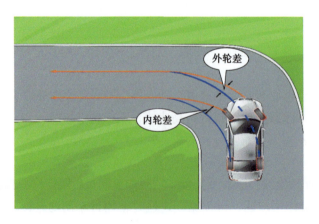

3. 转弯操作

车辆转弯时，后轮并非沿着前轮的轨迹行驶，而是存在内外轮差。在转弯过程中，要根据曲线或弯道的弯度来判断前后车轮的行驶轨迹，充分预估弯道行驶时车前、后轮的距离与位置，从而准确判断车辆的最小转弯半径以及内、外轮差。转弯时，要及时转动转向盘，动作要准确且柔和，以确保行驶稳定。在平缓弯道行驶时，可双手握住转向盘，不需要倒手（向左转弯时，以右手为主；向右转弯时，以左手为主）来进行转向操作。而在急转弯或转小弯时，则要双手交替操纵转向盘。

教学注意事项：

（1）充分估计弯道行驶中车前、后轮的距离与位置，准确判断内、外轮差。

（2）控制好转角度和行驶路线，遵循"左转转大弯，右转转小弯"的原则。

（3）根据转向的角度转动转向盘，避免两手搓转向盘。

（4）转弯后回正转向盘，要注意多打多回、少打少回，打多少回多少。

八、倒车操作

1. 倒车前安全确认

倒车应当选择交通流量小、允许倒车的路段或路口进行。倒车前，要对车辆周围以及车底进行检查，确认不存在妨碍安全倒车的障碍物和隐患。

2. 直线、曲线、转弯倒车操作

采用注视车后窗倒车的方式时，左手握住转向盘上缘，上身向右后方转体，下身向右微微倾斜，右手扶住副驾驶椅靠背上端，两眼通过后窗注视后方目标。采用观察后视镜倒车时，通过车内、外后视镜选定倒车目标，稳住加速踏板，使车速保持缓慢且平稳。

倒车过程中，要对准找好的参照物，低速行驶。直线倒车时，在前轮保持正直方向后开始倒车，一旦发现偏差，要及时调整转向盘进行修正。如果是曲线或转弯倒车，则要根据倒车路线的变化，转动转向盘作出相应调整，从而使车尾沿着设定好的曲线或者弯道缓慢倒车。

3. 操作要求

（1）倒车时要对准找好的参照物，用离合器半联动控制车速缓慢后倒。

（2）倒车中发现偏差，须及时调整转向盘进行修正。

（3）需要加速或遇到不平的路面时，可轻踏加速踏板，保持随时停车的可控速度。

（4）倒车速度过低时，适量踏下离合器踏板，避免发动机熄火。

（5）转向盘的转动方向与倒车方向一致，调整方向少转少回，避免大幅度转动。

九、行驶路线和行驶位置驾驶操作

1. 行驶路线观察点的选择

行驶过程中，要正确选择行驶路线观察点，收集行车中必要的信息，尽量看前方远处，同时随时观察车周围的情况，提前确定行驶方向和行驶位置。在直线路段行驶时，目视远方道路情况，选择在道路中行驶。在弯道行驶时，根据弯道的具体状况选择观察点，确定行驶路线，尽量沿弯道切线行驶。

2. 车体位置感觉知识

车体位置可借助道路标线和行车路线来感知，从而正确判断车身与车前方、后方的位置，并牢记视线的死角（盲区）。一旦感觉偏离了行驶路线，就要及时调整转向盘进行修正。直行时应尽量在行车道中央行驶，不得紧靠路边或中心线。弯道行驶时，要提前减速，根据弯道的状况确定行驶路线，进入弯道后及时转动转向盘，尽量沿弯道切线方向行驶，避免在弯道内进行制动减速或加速操作，驶出弯道后可适当加速行驶。

第三章 场地驾驶教学

第四节 场地项目驾驶教学

一、倒车入库操作

1. 倒车入库驾驶操作方法

（1）将车停在车库右侧的起始点，使车身与车行道边线保持120~150cm的平行距离，观察后视镜向后倒车，当参照点相互重叠时，将转向盘向右转到底。然后，从右后视镜观察车位右前角，调整车身右后角与车位右前角保持20~30cm的距离，低速行驶进入车库，在倒车过程中对转向盘进行微调，车辆倒入车位后要与车位两边线保持等距。当眼睛与左右后视镜及车位前左右角三点重叠时停车。

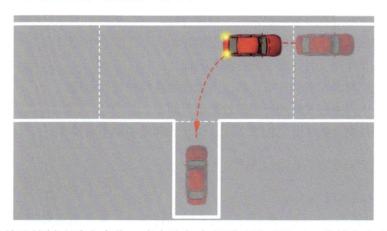

（2）挂前进挡低速驶出库位，当车头与车行道边线重叠时，将转向盘向左转到底，当车运行至与车行边道线平行距离120~150cm时停车。

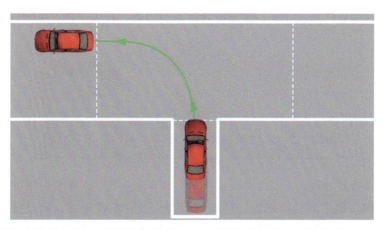

（3）挂倒挡倒车行驶，当参照点重叠时，将转向盘向左转到底。然后从左后视镜进行观察，调整车身左后角与车位左前角保持20~30cm距离，以低速运行，通过微调

转向盘使车身与车位两边线保持等距，当眼睛与左右后视镜及库前左右角三点重叠时停车。

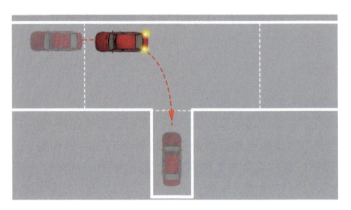

2. 教学要求

（1）倒车入库过程要按规定路线、顺序行驶。

（2）倒车或前进车过程中，车身不得出线。

（3）倒入车库停车时，整个车身都要进库。

（4）两侧控制线起步倒车前，两个前轮触地点均驶过控制线。

（5）倒车入库全过程时间不得超过规定时间。

（6）利用好离合器半联动控制车速，倒车或前进中途不得停车。

二、坡道定点停车和起步操作

1. 坡道定点停车操作方法

在进入上坡道前，开启右转向灯，向右转动转向盘，使车辆靠坡道右侧行驶。接近右侧边缘线时，向左小幅度修正方向，再迅速向右回正方向，使车辆右侧与道路右侧边缘线保持平行，并距离边线 30cm 内。慢速靠近停车点，当发动机盖右前角与标杆平行时，踏下离合器踏板和制动踏板停车，随即拉紧驻车制动器，挂入空挡，关闭转向灯。

2. 坡道起步操作方法

坡道起步时，踏下离合器踏板，挂入起步挡，开启左转向灯，向上稍微拉起驻车制动器操纵杆，按下杆上按钮。左脚抬起离合器踏板至半联动位置并停顿（此时发动机声音会有变化），在踏下加速踏板提高转速时，右脚适量踏下加速踏板以保持一定的转速（发动机转速至 1500～2000r/min），松开驻车制动操纵杆的同时缓慢踏下加速踏板，从而缓慢起步。

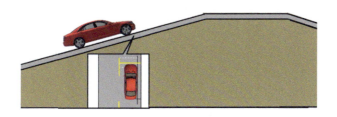

3. 教学要求

（1）进入坡道前，注意观察车身右侧与边缘线之间的目测距离，尽量保持 30cm 的横向间距行驶。

（2）控制车辆在坡道上的停车线前准确且平稳地停车。车前保险杠定于定点中心黄色停车线上（前后偏差最大不得超过 50cm），车身右侧距离路边缘线 30cm 以内（最大不能超出 50cm）。停车后，拉紧驻车制动器操纵杆。整个行驶过程中，车辆不得出现后溜现象。

（3）坡道起步时，要注意离合器半联动、驻车制动器操纵杆，以及发动机转速之间的配合，动作需协调连贯，从而实现平稳起步。起步时，车辆不得后溜，发动机不得熄火。且起步的时间不得超过 30s，车右侧要与边缘线保持平行，并距离边线 30cm 内。

三、侧方停车驾驶

1. 侧方位停车驾驶操作方法

（1）驾驶车辆驶过停车位（车尾需超过车位），使车身与行车道边线保持30cm的平行间距后停车。通过观察右后视镜，在急速状态下倒车，当右后轮进入停车位左前角时，将转向盘向右转到底。然后把视线从右后视镜转移至左后视镜，观察车尾左后角。当车尾左后角距离停车位右后边线约30cm时，迅速将转向盘向左转到底，同时观察右后视镜。

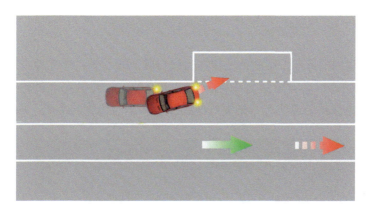

· 151 ·

（2）当车身与停车位右边线平行时，回正转向盘并停车，拉起驻车制动操纵杆，将变速器操纵杆挂入空挡，松抬离合器踏板和制动踏板，完成侧方停车。

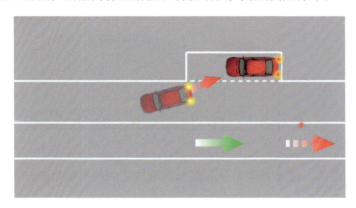

2. 教学要求

（1）按照规定的路线、顺序进行操作。
（2）进车位前应开启左转向灯，出车位后关闭转向灯。
（3）倒车中途不得停车，车轮不触轧车道边线，车身不触碰库位边线。
（4）驶出车位的过程中，车轮不触轧车道边线，车身不触碰库位边线。
（5）倒车或前进需利用好离合器半联动控制车速，不得中途停车。
（6）最终完成时间保持在 1.5min 以内。

四、曲线行驶驾驶

1. 曲线行驶操作方法

以二挡（含）以上的低速挡位进入曲线路段时，要观察道路的宽度和弯度，沿着弯路的曲线行驶。进入弯道后，适时调整转向盘，使右侧车轮尽量靠外侧边线行驶；车辆进入第一弯道时，将车头右前角压住右边线行驶。

进入第二弯道时，将车头左前角压住左边线行驶；进入下一弯道时，适时调整转向盘，确保左车轮外侧始终沿着弯道边缘线内侧从出口处驶出。要做到前外轮不越线，后内轮不压线，车速尽量保持匀速状态，把握好曲线弧度和车与边缘的距离，从另一端驶出。

2. 教学要求

（1）按照规定的路线、顺序进入弯道，修正转向盘时要及时准确。

（2）右转看车右前角对左边线沿边行驶，左转看车左前角对右边线沿边行驶。

（3）在曲线路行驶中改变方向时，转动转向盘的动作要快而适度。

（4）行进中途不得停车，车轮不得碰轧车道边缘线。

五、直角转弯驾驶

1. 直角转弯驾驶操作方法

从直角弯路一侧进入，沿设定的直角转弯，一次性通过直角弯。在进入直角弯路时，应注意控制车速，以怠速缓慢行驶。首先向右缓慢转动转向盘，使车身尽量靠近右侧边沿（不能出线），然后回正转向盘直行。

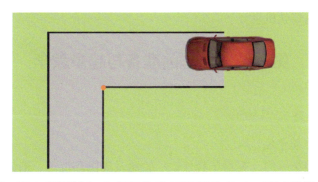

观察左后视镜，当左后视镜与内弯道角处于平行状态时，迅速将转向盘向左转到底，在车身即将回正时，及时回正转向盘，直线驶出直角路段，停车后完成直角弯道。

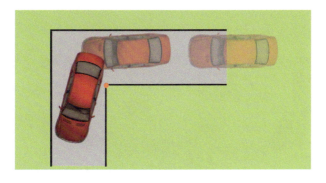

2. 教学要求

（1）进入直角弯时，尽量靠右侧行驶。

（2）中途不得停车，车轮不得碰轧车道边线。

（3）转弯前开启转向灯，完成转弯后关闭转向灯。

第四章

道路驾驶教学

道路驾驶教学是借助教学车辆，经由道路驾驶训练，完成教学大纲规定的训练科目内容。通过道路训练，使学员熟练掌握道路驾驶操作技能，养成安全驾驶、文明驾驶的习惯，进而能够独立安全地驾驶机动车。

第一节 上车前准备与起步教学

一、上车前准备与上车动作

1. 上车前车辆检查方法

上车前逆时针绕车一周，观察车身外观、轮胎及周围环境等，确认无安全起步隐患，确认安全。

2. 上车的动作规范

走到车前方站立，向左侧头观察道路上的交通情况。在确认没有车辆超越时，走到驾驶室车门一侧并在车门前站定，左手握住门把手，向右转头观察后方道路交通情况，在确保不妨碍其他车辆正常行驶的前提下打开车门，按照右腿、臀部、左腿的顺序依次进入驾驶室坐好，关闭车门并锁好门锁。

第四章　道路驾驶教学

3. 教学要求

（1）上车前检查的项目有：后视镜、前后灯罩有无损坏，车身有无新的划痕，轮胎气压是否符合要求，轮胎螺栓有无松动，前后牌照是否齐全、有无遮挡，注意车底有无异常情况。

（2）打开车门后，要再次观察车后方道路交通情况，确认上车安全。

（3）上车驾驶动作要规范，顺序符合规定要求。

二、道路上起步驾驶操作

1. 起步前调整与观察方法和要求

起步前检查车门确认关闭后，调整好座椅、后视镜的位置，系好安全带，检查驻车制动器是否处于拉紧状态，变速器操纵杆是否位于空挡或 P 挡位置。启动发动机，检查仪表是否显示正常。通过两侧后视镜和内后视镜，并向左转头观察后方、侧方交通情况，再次进行安全确认。

2. 平稳起步驾驶操作要领

开启左转向灯，挂起步挡，松开驻车制动器，缓慢松抬离合器踏板，踩加速踏板，平稳起步。在起步操作过程中，要留意观察前方道路和左后视镜内的影像，一旦发现存在妨碍起步的情况，要及时停车，待再次确认安全后重新起步。起步时不得影响道路上正常行驶的车辆和行人的通行。

3. 教学要求

（1）起步驾驶动作要规范，顺序符合规定要求。

（2）起步平稳、无闯动、无后溜，不熄火。

第二节　直线行驶和跟车教学

一、道路上保持车辆直线行驶的驾驶训练

1. 操作要求

两手自然、轻松地握稳转向盘，两眼目视前方，认真观察道路情况，做到看远顾近，适时查看内、外后视镜，视线离开行驶方向的时长不得超过 2s。根据道路交通情况和限速标志，合理地控制车速并选用合适的挡位，以保持车辆直线行驶。当遇到前方存在障碍时，提前调整行驶路线，尽量保持直线绕过。

2. 教学注意事项

（1）双手不能同时离开转向盘，若感觉偏离了行驶路线，要及时调整转向盘进行修正。

（2）行驶方向控制稳定，方向不晃动、不偏离，保持直线行驶。

（3）及时发现路面障碍物，并采取减速措施。

二、在道路上保持跟车距离驾驶

1. 操作要求

在跟随前车行驶时,要与前车保持安全距离,将车速控制在即使前车紧急制动,自身也能及时停车且不发生追尾事故的范围。注意观察前车信号灯的变化和行驶动态,根据道路交通情况控制跟车速度,始终与前车保持安全距离,并且随时做好减速的准备。遇前车制动灯亮或发出变道、转向信号时,应及时采取相应的减速措施,同时做好停车避让的准备。在多车跟车行驶的情况下,至少能够观察前方 2~3 辆车的动态。

2. 教学注意事项

(1)跟车行驶要保持较远的距离,根据前车的速度控制车速。
(2)遇前车制动及时采取减速措施。

第三节　变更车道与通过路口教学

一、安全变更车道的驾驶训练

1. 操作要求

变更车道前,开启转向灯,通过内、外后视镜观察后方和左右两侧的情况,并向变更车道的一侧转头观察后方道路交通情况。确认安全后,缓慢变更车道,并继续观察变更车道一侧的后视镜。若发现有正在超越的车辆或存在影响安全变道的情况,要及时放弃变道。变更车道完毕后,及时关闭转向灯。

2. 教学注意事项

（1）变更车道要严格遵守法律法规和安全操作规程。

（2）变更车道时，要判断安全距离，控制行驶速度，不得妨碍其他车辆正常行驶。

（3）跨多车道变更车道时，要逐条车道变更，不能连续变更两条或两条以上的车道。

（4）在没有信号控制的路口，要注意观察路口情况，在确保安全的前提下直行通过。

（5）不得随意变更车道，拥堵路段不得抢行变道或强行加塞。

二、直线通过路口的驾驶训练

1. 操作要求

在有交通信号灯控制的路口直行时，要注意路口交通标志的提示，在路口前的虚线区驶入直行车道，行驶至路口前根据路口情况减速行驶或停车等待。当看到绿色信号灯亮起或交通警察发出直行信号时，尽快越过停止线通过路口。

在没有交通信号控制的路口行驶时，要减速或停车瞭望，确认安全后直行通过路口。遇到对面车辆抢行左转，或者行人和非机动车横过路口时，要及时减速或停车让行。

2. 教学注意事项

（1）直行通过路口，要遵守道路交通信号，看到直行信号时尽快直行通过路口。

（2）在没有交通信号控制的直行路口，要提前减速或停车瞭望，低速安全地直行通过。

（3）在路口遇到享有优先通行权的车辆、行人、非机动车时，要主动进行避让。

（4）遇有路口交通阻塞的情况时，车辆应停在路口或停止线以外，不得停在路口内等候。

三、路口转弯的驾驶训练

1. 路口左转弯

在有交通信号的路口左转弯之前，要在路口前的虚线区开启左转向灯，驶入左转弯车道。行驶至路口前，根据交通信号指示减速行驶或停车等待。当直行信号灯亮起时，进入左弯待转区等待。看到左转信号灯亮起或交通警察发出左转信号时，按照路口标线的引导向左转弯。

在没有交通信号控制的路口左转弯前，要减速或停车瞭望，确认安全后，向左转大弯通过路口。

2. 路口右转弯

在有交通信号的路口右转弯时，要在路口前的虚线区开启右转向灯，驶入右转弯车道。在没有箭头信号灯指示的路口行驶时，应减速并瞭望，注意右侧的非机动车和行人，在不影响车辆和行人正常通行的情况下，向右转弯安全通过路口。在有箭头信号灯的路口，遇到右转弯红色箭头灯亮起时，须停在停止线前等待。在没有交通信号灯控制的路口转弯时，要减速或停车礼让横过道路的行人和非机动车。

3. 教学注意事项

（1）转弯前要按规定减速或停车瞭望，注意观察左、右方向的交通情况。

（2）严格遵守交通信号灯，有箭头信号灯的路口，须按照箭头灯的指示通行。

（3）没有信号灯的路口，要减速行驶，观察交会处的车辆，谨慎通过。

（4）遇有路口交通阻塞时，要停在路口或停止线以外，不得停在路口内等候。

（5）左转通过路口时，需靠道路中心点左侧转弯。

（6）在施划道路交通标线的路口，进入实线区后，严禁变道行驶。

（7）路口遇优先通行的车辆、行人、非机动车，需主动避让。

第四节　会车、超车、让车教学

一、与对向来车交会的驾驶训练

1. 会车驾驶操作要求

在道路上遇到对面来车时，要注意观察道路交通情况，选择在路面较宽、道路交通情况良好且两侧无障碍的路段作为会车地点。若会车存在危险，须控制车速，提前避让，重新调整会车地点。在没有中心隔离设施或者中心线的道路上会车时，须减速靠右行驶，并与其他车辆、行人、非机动车保持安全距离。会车过程中，与对向来车保持横向安全间距，不得在两车临近时紧急转向避让对方来车，会车困难时主动礼让对方先行。

在有障碍的路段会车时，需正确选择交会地点，合理控制车速，尽量避开在障碍物处会车。当遇到障碍物位于道路右侧时，要减速或停车，让对面车辆先行通过障碍会车后，再超越障碍。如果对面来车速度较慢或距障碍物较远，可开启左转向灯，尽快超越障碍物后驶回右侧进行会车。若对方车辆已加速强行超越或开启转向灯示意占道行驶时，要立即靠边减速或停车让行以完成会车。

2. 教学注意事项

（1）会车地点的选择，要避免在会车中出现两车与路边其他障碍处于同一交会点的情况。

（2）根据到达会车地点的所需时间来控制行驶速度，保持靠右侧直线行驶。

（3）在较窄的路面上会车时，要提前减速，注意观察对向车辆的动态，确保会车安全。

（4）会车前不得有轧着道路中心行驶或临近交会时突然向右转向的驾驶行为。

（5）在预定的会车地点与对方车辆保持安全间距进行交会。

二、超越前方车辆的驾驶训练

1. 操作要求

超车前，要保持与被超越车辆之间的安全跟车距离，观察前方道路情况。在具备安全超车条件后，开启左转向灯，鸣喇叭（夜间可变换使用远、近光灯）以提醒前车。在确认前车减速让超后，通过内、外后视镜观察后方和左侧的交通情况，并向左转头观察以确认安全，从被超越车辆的左侧进行超越。超越后，开启右转向灯，通过内、外后视镜观察后方和右侧交通情况，当从右侧后视镜能够看到被超车的全车身时，逐渐驶回原车道，并关闭右转向灯。

2. 教学注意事项

（1）根据道路和交通情况，合理选择超车行驶路线。

（2）超车要严格遵守法律法规的有关规定，同时注意礼让行车。

（3）在选择超车地点时，要避免被超车右侧存在行人、非机动车及其他障碍物的情况。

（4）在发出超车信号前，需注意前方车辆的动态和信号灯情况，若发现前方车辆正准备超车或正在超车，则严禁超车。

（5）发出超车信号后，若前车未及时让行或不具备超车条件时，不能强行超车。

（6）超车后，驶回原车道时不得影响其他车辆正常行驶。

三、合理让车的驾驶训练

1. 操作要求

在行驶过程中，若发现后方来车发出超车信号，需注意观察前方道路情况，及时判断是否具备让车条件。当判定前方具备让车条件后，减速靠右行驶让行，也可以开启右转向灯或使用辅助手势示意让行，待后车超越后再继续加速行驶。让超后，若前方遇有障碍物，但后车正在超车过程中，不可为了绕过障碍而向左转向，只能减速或停车让超。

2. 教学注意事项

（1）根据道路和交通情况，合理选择让超车行驶路线。
（2）让车地点的选择，要避免被超车右侧有行人、非机动车及其他障碍。
（3）确认前方道路具备让车条件后，靠右让行。
（4）让超车时要做到，让速让路—让到底，不得故意不让或让路不让速。

第五节　掉头与倒车教学

一、掉头驾驶操作

1. 教学要求

掉头要选择允许掉头、交通流量小且不妨碍车辆和行人正常通行的路段和路口进行。在设有中心线的路段掉头时，应选择虚线处作为掉头地点。若选择的掉头地点存在危险，则要重新调整掉头地点。掉头过程中，需开启左转向灯，随时留意道路上的通行情况，遇到后方有来往车辆行驶时，要主动停车避让，不能妨碍行人和其他车辆的正常通行。在有分道线的路口掉头时，要提前开启左转向灯进入掉头导向车道，按照交通标志和交通标线的提示进入掉头导向车道，在路口虚线处缓慢完成掉头操作。

2. 教学注意事项

（1）掉头地点要选择法规规定允许掉头的地点、路口或交通情况良好、车辆通行少且没有禁止掉头限制的路段。
（2）掉头时，要做好随时停车让行的准备，不能妨碍正常行驶的车辆和行人通行。

二、倒车驾驶操作

1. 教学要求

倒车前，仔细检查车辆周围及车底的情况，确认不存在妨碍倒车的危险隐患。倒车时，随时观察两侧和后方的交通情况，保持较低的速度向后倒，即便道路条件良好，也不能加速倒车。倒车过程中，要注意避让正常通行的车辆和行人，不得在铁路道口、交叉路口、单行路、桥梁、急弯、陡坡或者隧道中倒车。

2. 教学注意事项

（1）倒车前必须在车下观察周围情况，确保不存在妨碍倒车的障碍和危险。
（2）倒车时要保持低速行驶，随时做好避让车辆和行人的准备。
（3）不得在禁止倒车的路段进行倒车。

第六节　通过学校、人行横道、公交车站教学

一、通过学校区域驾驶训练

1. 操作要求

看到学校标志时，提前将车速降至30km/h以下，仔细观察道路交通情况。驶近学校门口时，注意观察道路两侧以及门口附近的车辆、家长和学生的情况。在通过学校区域的过程中，注意观察两侧的人群和学生的动态，做到文明礼让，确保安全通过，遇到学生横过马路或发现一侧有人向路对面招手时，应停车让行。

2. 教学注意事项

（1）通过学校区域前，要提前减速慢行，随时准备停车礼让。

（2）通过学校区域时，注意观察左、右方交通情况。

（3）不得将车辆停在网状线内等禁止停车的区域。

二、通过人行横道避让行人驾驶训练

1. 操作要求

看到人行横道线标志、标线或者驶近人行横道线时，要提前减速，观察人行横道线两侧的交通情况。在确认没有行人或非动车等其他影响安全通过的情况后，合理控制车速通过。遇到行人或非机动车通过人行横道时，及时停车让行。在交叉路口遇到行人闯红灯通过人行横道时，同样要停车让行人先行。在交叉路口右转弯时，遇到右侧人行道有行人通过，要及时停车让行。

2. 教学注意事项

（1）通过人行横道线前，要提前减速慢行，随时准备停车礼让。

（2）通过人行横道线时，注意观察左、右方交通情况。

（3）主动避让正在通过人行横道线的行人和享有优先通行权的车辆、行人、非机动车。

（4）不得将车辆停在人行横道线等禁止停车的区域内。

三、通过公交车站驾驶训练

1. 通过公交车站驾驶操作要求

通过公共汽车站时，要提前减速，观察公共汽车进、出站的动态以及乘客上下车的动态。当遇到同向车站停有公共汽车时，要留意公共汽车前方的行人动态，查看是否有行人横穿道路。遇到对向车站停有公共汽车时，注意对向公共汽车后方是否有行人横穿道路。通过公交车站遇到车流行进缓慢或阻塞时，要尾随行驶，禁止超车，以免造成新的拥挤和阻塞。

2. 教学注意事项

（1）通过公共汽车站前，要提前减速慢行，随时准备停车礼让。

（2）通过公共汽车站时，注意观察左、右方交通情况。

（3）主动避让正在通过人行横道线的行人和享有优先通行权的车辆、行人、非机动车。

（4）不得将车辆停在公共汽车站区域内。

第七节　停车与下车教学

一、靠边临时停车驾驶训练

1. 操作要求

正确选择停车地点，若所选的停车地点存在危险或者受到禁停限制时，要及时重新调整停车地点。在确定停车地点后，开启右转向灯，通过内、外后视镜观察后方和右侧的交通情况，并转头观察以确认安全，之后减速并向右转向靠边停车，使车身与道路右侧边缘线或者人行道边缘保持在30cm以内的距离，平稳停车。

2. 教学注意事项

（1）停车时，要正确观察道路交通情况，选择好停车地点，避免违章停车。

（2）停车前，要按操作要求进行观察，确认安全。

（3）停车后，车身不能超过道路右侧边缘线或者人行横道，距离道路右侧边缘线或者人行道边缘的距离最大不能超过 30cm。

二、下车训练

1. 操作要求

停车后，拉紧驻车制动器，关闭右转向灯。下车时，将发动机熄火，回头观察左后方交通情况，在确认安全后，缓慢打开车门，开车门时不得妨碍其他车辆和行人通行。下车后关闭车门，锁好车门，并对车门锁闭情况进行确认。

2. 教学注意事项

（1）下车前，通过后视镜观察并向左侧头观察左后方交通情况，进行安全确认。

（2）下车时，开车门的幅度不宜过大，且开车门的动作要缓慢。

第八节　夜间驾驶教学

一、夜间正确使用灯光的操作

1. 夜间各种灯光的使用

夜间起步前，开启左转向灯、示廓灯、位置灯以及近光灯。在照明条件差的道路或没有照明的公路上起步后，若对面没有来车，且车速超过 30km/h 时，可使用远光灯。

夜间行驶在照明条件良好的路段，应使用近光灯。通过路口、桥梁、弯道或者遇会车、路口转弯、近距离跟车等情况时，要使用近光灯。

夜间超车、通过急弯、坡路、拱桥、人行横道或者没有交通信号灯控制的路口时，要交替使用远近光灯进行示意。路边临时停车时，关闭前照灯并开启示廓灯。

2. 教学注意事项

（1）车辆灯光的功能，首先是作为信号使用，其次才是照明。
（2）使用灯光是为了告知或提示道路上的车辆和行人。
（3）按规定正确使用灯光。

二、夜间不同照明条件安全驾驶训练

1. 起步操作要求

夜间起步前，开启前照灯（近光灯模式），仔细观察车辆周围的情况，确认安全。起步时，开启左转向灯，注意观察后视镜，缓慢起步。

2. 跟车操作要求

跟车行驶，应降低速度，保持安全距离，注意观察前车信号灯的变化，随时做好减速或停车的准备。

3. 超车操作要求

遇到前车行驶缓慢需要超越时，先变换远、近光灯告知前车，待前车让行后再加速超越。若遇前车不让路，则要保持距离等待让行，严禁在急弯道处超车。

4. 让超车操作要求

夜间从后视镜看到后方来车的灯光逐渐靠近时，要做好减速让行的准备；当后车变换远、近光灯发出超车信号时，要减速并靠右侧让行。

5. 会车操作要求

会车前，两车在相距150m之外交替变换前照灯的远近光。遇对面来车不配合变换远、近光灯或一直开远光灯不关闭时,要及时减速让行,视线向右平移,继续交替变换远近光灯提醒来车,必要时靠边停车。

夜间在交通情况复杂的交叉路口或有人行横道的路口两车近距离会车时,务必要警惕两车前照灯交会处(视线盲区)存在的危险,以免交会处有行人或非机动车横穿。

6. 教学注意事项

(1)起步、行驶过程中,要根据道路条件和环境,正确地使用灯光。

(2)跟车时要保持安全距离。

(3)超车时要确认前车已经让行。

(4)让超车时要减速靠右侧让行。

(5)会车时警惕两车前照灯交会处(视线盲区)的危险。